妈妈要懂的淘气孩子心理学

〔韩〕梁素英 梁希旭 ◎著

李 菡 ◎译

重庆出版集团 重庆出版社

청개구리 초등 심리학 The Psychology of Little Devils
Copyright © 2009 by Yang, So Young & Yang, Hee Wook
All rights reserved.
Original Korean edition was published by Dasan Books Co., Ltd.
Simplified Chinese language edition © 2010 by **Grand China Publishing House**
Simplified Chinese language edition is published by arrangement with Dasan Books Co., Ltd. through
Eric Yang Agency.
No part of this book may be used or reproduced in any manner whatever without written permission
except in the case of brief quotations embodied in critical articles or reviews.

版贸核渝字 (2010) 第096号

图书在版编目(CIP)数据

妈妈要懂的淘气孩子心理学 /〔韩〕梁素英, 〔韩〕梁希旭著；李菡译. —重庆：重庆出版社，
2010.11
书名原文：청개구리 초등 심리학

ISBN 978-7-229-02963-0

Ⅰ.①妈… Ⅱ.①梁… ②梁… ③李… Ⅲ.①家庭教育②儿童心理学 Ⅳ.①G78②B844.1

中国版本图书馆CIP数据核字(2010)第176998号

妈妈要懂的淘气孩子心理学
MAMA YAO DONG DE TAOQI HAIZI XINLIXUE

〔韩〕梁素英　梁希旭　著
　　　　李　菡　译

出 版 人：罗小卫
策　　　划：中资海派 · 重庆出版集团科技出版中心
执行策划：黄 河　桂 林
责任编辑：朱小玉　朱兆虎
版式设计：张　英
封面设计：肖　杰　赖瑞臻

重庆出版集团
重庆出版社　出版
（重庆长江二路 205 号）

深圳市鹰达印刷有限公司制版　　　印刷
重庆出版集团图书发行有限公司　　发行
邮购电话：023-68809452
E-MAIL: fxchu@cqph.com
全国新华书店经销

开本：880mm×1250mm　1/32　印张：6.25　字数：134 千
2010 年 11 月第 1 版　2010 年 11 月第 1 次印刷
定价：22.80 元

如有印装质量问题，请致电：023-68706683

用平常心培养孩子

现在比韩国的酷热天气更炎热的是中国小皇帝的教育和全职妈妈增多的问题。这是因为父母们太爱孩子，为了孩子能在残酷的学校竞争中胜出并"生存"下来。我觉得不管是韩国的父母还是中国的父母，心情都是一样的。任何父母都希望自己的孩子能具有无限的潜力、迈向梦想的坚定和热情，以及良好的判断力。因为这样的孩子才可能独自解决生活中出现的一切问题，才能过上真正幸福快乐的生活。

对孩子来说，首先就是在与父母相处的时间里要愉快。相处时间的长短并不重要，重要的是在相处中，既可以让父母心情愉快，同样孩子也心情愉快；并且在这段亲密的时间里，孩子可以从父母那里得到感动，由此敞开自己的心扉。当然，与此同时孩子也会真正理解父母爱子心切的心情，了解父母为此所作的努力和他们的苦心。所以，要做到这些，父母一定要先保持一颗平常心，因为父母的不安和动摇会立即传达到孩子那里。

　　这本书是以我在咨询中接待过的众多韩国儿童及他们的父母的实际事例为背景，写作而成的。我衷心地希望它能为中国的家长们提供更多的帮助。

初识儿童心理学

育儿网主编 徐才翌

当孩子出生的时候，他是否已经具备了一定的思想？答案是肯定的。例如，初生的婴儿会因为饥饿而哭闹，孩子的每个动作、每个眼神、每个表情，无疑会因为他的心理变化而产生相应的行为变化。

当孩子逐渐长大，其心理成长也逐渐多样化，待人处事、性格等也随之不断变化。多数孩子在儿童期的成长道路上会叛逆、发脾气、讨厌上学，甚至表现出暴力倾向等，这类孩子被我们习惯地归类为"淘气"的孩子，他们往往也是家长老师感到头疼的孩子，可是作为家长，你可知道他们的淘气行为也与其心理成长有关？

当妈妈遇上淘气孩子，是严厉管教还是放任其顽皮？作为家长，我也曾经烦恼过，试图遵循"打是疼，骂是爱"

的教育观念，并试图与孩子平等交流……然而，最终的结论告诉我，面对不同的状态与环境，面对不同的孩子，家长对孩子的教育方式和方法也要随机应变。不同的事情，需要我们去充分了解；不同的孩子，更需要我们去了解和分析孩子的思考方式，如此才能做出恰当的处理与适当的教育。每个孩子都是一个特殊的个体，不可一概而论，这就是我们作为家长要学会了解孩子心理的原因之一。

《妈妈要懂的淘气孩子心理学》是一本值得推荐的书，适合所有家长去阅读和探讨。本书的作者——韩国著名心理咨询师梁素英，以一般的家庭中经常出现的"镜头"为案例，从孩子的社交成长、情绪成长、身体发育成长等各方面来展示形形色色的"淘气"孩子，带领家长充分理解和分析孩子的心理与行为，并给出了相应的解释和解决方法。

不是每一个孩子都会淘气，不是每一位家长都要去学习儿童心理学，但是，我们希望通过这本书让更多的父母对儿童心理学有新的认识和理解，对孩子的行为学会分析与教育。在教育环境存在诸多是非的环境中，我们希望每个家庭都能找到教育自己子女的最合适的方式。

祝愿每个孩子都能健康成长。

读者推荐

"我们的孩子让妈妈每30秒就发飙一次。"这是书里的一句话,但我感觉我们家孩子甚至不到30秒就会出点问题。估计小学生家长都有同感,而且一定还为此忧心忡忡。

这本书告诉我们:"父母应该从保护型父母向园丁型父母转变。"但是我们这些父母总是不能从孩子的角度真正地了解他们。虽然父母总是认为自己的做法永远是为了孩子好,是爱孩子的表现,但实际上却在某一瞬间成了拉开和孩子距离的罪魁祸首。所以书里教给父母们与其给予孩子保护,不如教给他们做事的方法。相信每位父母都会在书中找到适用于自己孩子的好方法。

Ang1213

我从来没试着去读透别人的心理,但是我却十分好奇我的孩子到底在想什么。所以当我真的不能了解孩子的行为时,我发现自己越来越离不开这本书。虽然我的女儿现在还没上小学，但我发现《妈妈要懂的淘气孩子心理学》同样适合她。当孩子在家里做出一些惊人的举动时，与其惊慌失措还不如在这本书里找找答案。

Na2353

我真的从来没有像最近这样为教育儿子而烦恼了。

作者作为儿童心理咨询师，以多种实际问题为基础，告诉我孩子处在怎样的成长过程中，并告诉我如何理解孩子。看过此书，我觉得我并不是一位尽职的母亲。我明白了孩子也是独立的个体，所以一定要尊重他们。

Kykkyk00

假如你是一位常常为如何教育子女而烦恼的父母，我推荐你看看这本书。

我是个每天都在与两个儿子作战的妈妈。因为太想知道孩子们为什么会这样，我为了了解孩子们而买了这本书。我发现它不像普通的教育类书籍，只是直接地告诉你试试这样的教育方法吧，或者不如那样培养。这本书抓住了孩子每次行动的心理原因，并深入分析为什么会出现某种结果，给出了更适合父母的教育方法。所以我真的很感谢这本书。

Terranf

让父母更轻松，让孩子更快乐

　　子女的教育一直是众多父母关注和头疼的问题，而这其中初入学校的小学生更需要父母的关注。对于环境、身体上都发生了巨变的孩子们来说，由于心理的不成熟，他们很可能将这些不适应反映在行动或语言上，这时候，我们总喜欢说："这样的孩子太淘气。"

　　而作为父母，特别是淘气孩子的父母，又有多少人真正了解孩子的心理和想法？换句话说，又有多少父母曾经试图站在孩子的角度，去理解和体谅孩子呢？过去对于孩子的淘气行为，很多父母采取打骂体罚、不停唠叨的教育方法，现在多数父母则采取百依百顺、宠爱溺爱，或课外请家教的方法，但这些为教育孩子而想破了脑袋、费劲了心思的父母，并没有从这些方法上收到良好的效果，有些孩子被溺爱得没了礼数，有些孩子被打骂得更加叛逆，有些孩子在学习的重压下透不过气来。其实他们都没能享受到真正的童年快乐，也并没能在父母的"教育"下，走上完美的人生道路。那到底该如何教育孩子，才能让父母更轻松，也让孩子更快乐呢？

本书就是这样一本介绍如何了解并抓住淘气孩子的心理变化的书，让那些着急上火，却找不到正确方法的父母，从根本上解决问题。此书并不像大部分的教育类书籍，只是笼统地说明教育的方法，它不是告诉父母该这样做，还是该那样做，而是选择了孩子们经常出现的问题作为示例，有针对性地讲解，通过对孩子心理的分析，指出解决方法并让家长思考。书中以孩子在认知、社会性、心理情绪、身体发育及对学校生活的不适应等五个方面清晰地说明了孩子出现问题的根源，让那些本来就因工作焦头烂额的父母，能在闲暇时间根据自己孩子的"症状"迅速找到"药方"，并对症下药。

虽然这本书并不能说是一本解决淘气孩子心理的百科全书，但是它抓住了孩子从以家庭、父母为中心的生活环境，突然向以老师和同学为中心的社会环境转变过程中可能出现的典型问题，让那些因孩子不听话，甚至叛逆而头疼的父母从了解孩子心理开始，慢慢体会教育的方法，让人受益匪浅。

作为译者，翻译的过程也是学习的过程，更是思考的过程。虽然我还未为人母，更提不上对教育深知或精通，但通过对本书的翻译，还是深刻体会到了父母在对我的教育过程中所付出的辛劳，同时更是对自己今后的子女教育有着极大的帮助。另外，一本书的形成不可能是一个人、两个人的成果，除了我的翻译外，也要感谢编辑们的鼓励、支持和耐心的更改指正，更要感谢中资出版社给我这样一次机会，让我在翻译的道路上更进了一步。

希望望子成龙或望女成凤的父母能通过对这本书的阅读获得智慧的种子，并在子女教育的道路上成为真正的胜利者。最后，限于译者自身的水平及经验，错漏和不足在所难免，恳请读者批评指正。

目　录

第1章

越来越明显的暴力倾向　17

在日常生活中即使只是遵守一个小规定，父母也不应该用命令或指挥的方式，而是尽量调整自己和孩子的要求，找到共同点，以得出让双方都满意的结果。

第2章

讨厌上学　45

要想孩子保有积极乐观的态度度过校园生活，就要长久维持以下四个环境：愉快而和睦的学习环境、多彩而自主的生活环境、友好的人际环境、舒服的校园环境。

第3章

突然成了叛逆儿　85

要让孩子在遵守规章制度的同时感到愉快。既不能单方面地强求，也不能经常惩罚。要鼓励孩子，增强其自信，并帮助他们在遵守规章制度后，感觉到自己有了提高。

第4章

无法融入朋友圈　117

想让孩子克服害羞，和朋友友好相处，父母首先要了解如何正确地与他人对话。父母可以通过和孩子进行对话练习，向孩子展示对话过程中可能出现的各种状况，让孩子体会交流的乐趣。

第5章

了解孩子擅长什么　155

　　没有在各个方面都有天赋的孩子，也没有毫无才能的孩子。即使孩子天生聪明伶俐，也同样需要通过教育的手段进行开发和塑造。所以，给孩子什么样的教育环境比天赋更加重要。

序　言

小学，孩子跨入社会的第一步

孩子上小学时，生活的中心便开始从家庭转移到了学校。也就是从这时起，孩子开始形成多样的社会关系，并且逐渐熟悉作为一个社会人应掌握的基本常识。与此同时，不仅要了解社会普遍的道德标准，还要不断开发自己的心智。所以，为了他们能成长为健康的社会人，小学就成了孩子们学习社会常识、道德标准、性别差异并完善认知能力的重要时期。

上小学以前，孩子还不能理性地思考。或者说他们即使有道德观念也更倾向于凭感情行事。而上了小学，多数孩子会变得更淘气而不好管教。有些孩子和朋友玩得正高兴，突然不知道哪儿不合心意了，扑上去就打起来；也有的孩子为了引起大家的注意，故意说谎话，想看看谁先伸手帮助自己；或者干脆不管不顾撒泼拉拽……为了能"更好地和别人相处"，孩子们尝试着各种各样的"方法"。其实一开始就熟知这些"方法"的孩子并不多，许多"方法"只是在不断的"实践"中"成熟"起来的。

在与父母和孩子的交谈中，我听到比较多的烦恼诸如"我家孩子在学校里打同学"，"我家孩子没法和别的孩子好好相处，太小心眼"，"我家孩子对学习提不起兴趣"等。

有的父母因为孩子的问题大发脾气，甚至开始讨厌孩子。也有的父母一边哭着一边说，"早知道孩子这样做的原因，我一定会更关心他（她）"，"要是早点了解孩子的内心想法，就不会是现在这样"……所有的父母都会说到这句"早知道"。他们甚至想把孩子放回肚子里重新孕育一次，再教育一次。

但是，到底什么样的父母才称得上是"好父母"呢？作为父母，不管怎么做也比不上在孩子身体或心灵疲劳烦躁的时候给予安慰。好父母并不需要有钱有权，而是能够真心理解孩子，了解孩子所处的成长阶段，知道他们为了什么而烦恼并给予帮助。

所以，父母的行为和对孩子的关怀程度会直接影响到孩子和父母的关系和幸福指数。父母首先要制造轻松愉快的亲子氛围，才能和孩子更加亲近。当父母与子女之间没有隔阂时，父母便可以更好地传达自己的想法，指导孩子的成长。当然，孩子作为一个有思想的个体，也需要父母的尊重。在养育子女的过程中，父母每一天都在与子女一起成长。

另外，要肯定孩子是独立且自由的个体，要理解孩子不喜欢被干涉，不管是父母还是其他人。当孩子被迫做自己做不到的事情时，在拒绝的同时，他们还会将内心的想法用行动表现出来。所以，想改掉孩子那些没礼貌的行为，先学着理解他们吧。

所有父母都希望将孩子培养成才，这就需要不断地鼓励、关心、等待、忍耐。有时可以发发牢骚、给点小教训，但永远记得"父母的温暖"对孩子是最重要的。要让孩子认识到父母大声训斥并不是为了自身不能调整的情绪或纾解压力，要让孩子了解到父母做任何事都是为了自己，这样孩子就会敞开心扉听从教导。

本书是为那些在教育子女方面屡屡受挫的小学生父母倾尽全力写作而成的。根据孩子在认知成长、社会性成长、心理情绪成长、身体发育及不适应学校等方面的问题，以咨询中出现的实际事例为基础，解释孩子行为背后的原因并给出解决方法。

由于父母在养育子女的过程中很难客观地看待自己的孩子，难免会忽视一些重要的问题。本书充分阐述了如何帮助小学生改变生活习惯、如何帮助父母意识到过往在教育孩子时忽视的问题并加以改进。相信各位已经是好父母的读者们，在不久的将来一定会更优秀。

在此，衷心感谢帮助此书出版的茶山出版社（Dasan Books）会长金仙植（Kim seonsik）先生以及提供各种建议的李善儿（Lee seona）组长。也希望每一位读者都可以从书中获得教育孩子的方法，与孩子分享幸福。

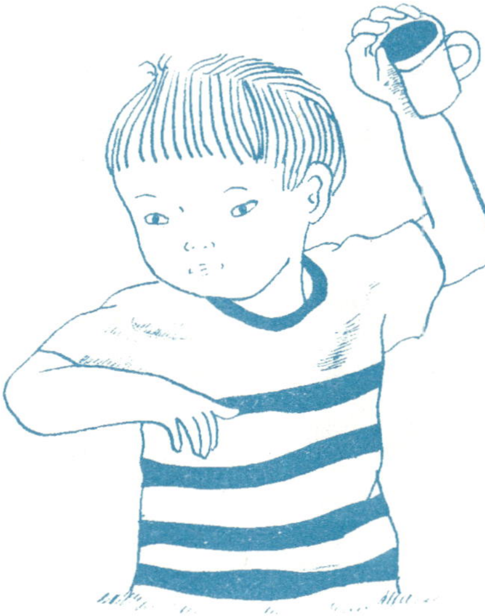

第 1 章

越来越明显的暴力倾向

身体发育

上了小学的孩子相对于上学前的阶段，身体发育的速度会有所减慢。从整体上来看，女孩儿比男孩儿的个子要高、体重更重，也更早进入青春期；另一方面，运动能力相对幼年也有所提高，而且此时的孩子还可以完成一些需要运动技巧的复杂动作。身体方面，男孩的力量型肌肉更发达，而女孩则更擅长画画、写字等小肌肉型运动。

孩子们身体上的反应可以通过掌握其心理来了解。因为抑郁症、易愤怒、不安等心理问题很可能伪装成身体上的病痛。美国儿童心理学家、幼儿及青少年医生阿诺德·格塞尔（Arnold Gesell）称发育是天生的遗传因子的结果。我们不妨从下面的比喻来深入理解一下。"假如某人种下了一颗种子。但这颗种子以后会长成一朵玫瑰还是一丛杂草并不是由播种人的努力决定的，因为结果只能由播下的是什么种子来决定。"所以孩子如果说自己还没有作好准备，那么就算让他走路也是徒劳无功的。

经常和弟弟妹妹争吵

我是两个孩子的妈妈。大儿子贤秀今年小学三年级，小儿子闰秀小学一年级。最近贤秀经常因为弟弟动了自己的东西而动手打弟弟，还对弟弟推推搡搡。要是我跟贤秀说"你是哥哥，让着点弟弟"，他反倒委屈地说："妈妈就只喜欢弟弟。"但是如果我让两个孩子坐在一起训话，他们又彼此觉得是因为对方挨了骂，结果两个人的心结好像越系越紧。虽说孩子吵架不是什么大事，但是就算是小事也经不起时常发生。

我真不知道该怎么办才好了。

帮孩子树立兄弟姐妹间的友爱观念

相比较来看，有弟弟妹妹的孩子能更早地理解要站在别人的角度思考问题。理由很简单，这是因为他们从小就被经常要求从弟弟妹妹的立场思考。有弟弟妹妹的孩子应该会经常听爸爸妈妈说："行了！弟弟又不是故意那样的，他不就是想和你一起玩么？"

其实，哪个父母不希望自己的孩子互相友爱呢？但是孩子们又到底为什么吵架呢？虽然大部分人都认为，小孩吵架肯定是因为自己的要求没能满足。但实际上并不是这么简单。大孩子经常会因为父母偏心，而不得不和既是竞争者又是朋友的弟弟或妹妹争夺"妈妈的关心和爱"。

小孩吵架是成长过程中的一个阶段。他们会在争吵中不知不觉地了解到世界上有和自己想法不同的人，而自己的想法也不可能百分之百被理解，有的时候还需要妥协，也学习到该如何维护自己的权利，学会如何保护自己。在每个成长阶段，兄弟姐妹通过竞争和协同逐渐实现自己的社会化。在人际关系上更快地熟悉与人交往的技巧，所以孩子们之间的争吵是不可避免的。

家长不要介入孩子的小吵小闹中

家长与其介入孩子们的小争吵，不如让他们学会自己解决。也就是说，帮助孩子在不依靠大人的情况下，自己解决问题，从而培养他们的独立性。家长要学会肯定孩子的成长，这也是作为家长的重要责任。

就算孩子的争吵已经达到了不可开交的程度，父母也不要以"裁决者"的身份介入，而应该以帮助寻找原因并尽快解决问题的中间人出现。这时家长有必要了解孩子想要什么，又是因为什么开始争吵的，同时还要仔细观察孩子们的心理状态，以推断他们的心情。

父母应该先让孩子们各自陈述自己的观点："你是怎么想的？""那你说说你想怎么样？""你觉得以后你会怎么做？"给孩子们提出诸如此类的问题，并认真听他们各自说自己的心情和想法。听完后，家长有必要先理清造成矛盾的原因，然后为孩子们作出解释。在孩子们充分理解了问题的所在并进行反思以后，家长还要注意观察是否还有嫉妒心，最后找出解决方案。

给孩子反省自己错误的时间

如果说通过比较孩子的错误来批评他们，不如直接指出他们具体的错误行为是什么。而相对于马上就告诉孩子错在哪儿，不如给他们充分的时间对自己的行为进行反思。就算是很小的事情，也不要拿孩子相互比较着进行批评，因为被拿来做比较比起挨骂来说更让孩子受伤，甚至还可能导致孩子不知道自己为什么被训斥。

当需要体罚孩子的时候，最好使用同一种方法，因为不断用不同的方法体罚会让孩子把暴力当成正当的手段。比如，告诉孩子绝对不许打架，就不如和孩子说："绝对不能做伤害他人的事。""解决问题除了打架，还有很多更好的方法。"

如果过分要求大孩子做好老大的样子，就可能导致孩子形成什么事都要比弟弟妹妹做得好的压力感。这样当孩子在辜负了父母期望的时候，很容易产生挫败感和自卑感，所以父母应该多给孩子时间，让他们学会自己反省错误。

给孩子自己思考并主动和好的机会

孩子吵架后，父母没必要非让他们和好，应该给孩子们自己判断的机会。通过安排他们一起做事情，引导他们自己和好。我们经常看到父母在孩子吵架后，一边训斥孩子，一边让他们和好。但是如果孩子并不想和好，父母却强迫他们"快认错"或"你先道歉"，这样的命令会造成孩子嘴上道歉，心里不服。长此以往，还会让孩子形成得过且过的错误想法。

不管在谁家，孩子吵架都是常有的事。所以不要盼望着说了类似"两个人好好玩"，"因为你们是兄弟，所以必须这样"的话，孩子们就真不争吵了。父母可以根据孩子的成长情况，站在每个孩子的角度上体谅他们，并通过行动来影响孩子之间的感情。

父母的偏心会造成兄弟姐妹间矛盾的深化。即使大孩子具备了责任感，也可能在不被父母认可的情况下，做出幼稚的举动，甚至欺负弟弟妹妹。由于父母没能做好榜样，还可能造成孩子对父母的不满，对弟弟妹妹的憎恶，以致引发"战争"。所以父母可以通过树立好自己的形象来帮助孩子更友好地相处。

给孩子发展自己个性的空间

为了让孩子们更好地相处，父母应该理解，他们即使是兄弟姐妹也是彼此不同的个体。所以最好不要拿孩子作比较。

"你看看哥哥学习这么好，你到底是像谁啊，怎么会这样呢？"像这样在兄弟间作比较、指出优劣的举动，对弟弟来说是很过分的。更何况这样的比较并不能使弟弟的学习成绩有所提高，相反，还会让孩子陷入绝望的深渊。在兄弟间就同一方面（例如学习成绩）进行比较，对两个孩子都有害而无益。

美国前国务卿亨利·基辛格的弟弟沃尔特·基辛格曾这样回忆道："小的时候，我们兄弟俩是对手，但并不是说我们是竞争关系。我们两个人性格不同，长大后从事的职业也完全不同。"

能有这样的想法，必定和父母肯定他们是完全不同的独立个体有关。沃尔特·基辛格作为艾伦电器公司的总裁，在与哥哥完全不同的领域里同样获得了人们的尊重。他不只没有因为哥哥的成就感到自卑，反而笑着说："记者们为了捉住亨利哥哥的新闻，整日跟在他的屁股后面，但是我的成功故事写成新闻难道不是同样有价值么？"沃尔特通过自己的言行强调了什么是健全的竞争意识，并告诉我们一定要牢记：即使是兄弟姐妹，每个人也都是相互独立的个体。

鼓励孩子培养自己的个性

犹太父母在对待孩子的问题上，认为最重要的不是孩子之间的能力差异，而是"每个孩子的不同个性"。所以他们绝不会拿孩子相互对比，而是尽力培养各自的个性。

犹太人的孩子去朋友家玩的时候，父母不会让哥哥姐姐跟着一起去。因为他们知道孩子彼此兴趣不同，所以还不如让他们去不同的地方，接触不同的世界更好。

这并不是说犹太人家兄弟姐妹的关系会因此而变得不好。父母为了让孩子们能保持轻松而舒服的关系，会给予他们更多的关爱。

制定能和家庭成员一起进行的日程表

所谓和家庭成员一起进行的日程就是指在某个时间里必须要做的一些事情，比如，吃晚饭、睡觉、做家务、串亲戚、打电话等。而所谓的家庭活动是指家庭作为一个整体，进行的可以强化家人之间纽带关系，并帮助连接各代人的各种活动。虽然是一定时间内做的一定的事情，但是活动却是随时可以实现的。生日、圣诞、新年等都可以成为一次活动的主题，当然如果周末可以让全家人聚在一起，这也是很好的家庭活动之一。

特别是那些有规距的家庭，他们的孩子的行为举止也更有规矩。

按时睡觉的孩子比起不按时睡觉的孩子，能更快入睡，且睡眠中不易醒。和家人一起吃饭，更是为父母和孩子提供了了解对方的机会。

如果你的家现在还没有家庭聚会的话，那么，从现在开始快和孩子们一起筹划属于自己的家庭小聚会吧。

对于有暴力倾向的孩子，该怎么办？

几天前，小俊因为嫌妈妈唠叨，居然一边骂骂咧咧，一边乱扔东西。小俊的这种瞬间变化，别说妈妈，就连他自己也没想到。

今天早上，小俊突然又说不想上学。妈妈就揪着他，问为什么不想去学校，谁知道小俊居然生气地推倒了椅子，还大声嚷着："都说不去了！"

孩子变得越来越暴力，家长该怎么办呢？

父母的唠叨

其实哪有喜欢唠叨的父母？但是又是什么让父母不得不整天唠叨不停？是不是有什么方法让父母别再唠叨呢？不再唠叨唯一的方法就是不开口说，用行动找到解决问题的方法。

很多时候，父母并不觉得自己是在唠叨，反而认为自己是在给孩子宝贵的忠告。父母总是认为"要是不时刻提醒孩子，他们根本就不会去整理玩具，也不可能自觉地去做作业，更不会在意是不是会伤别人的心，而且什么煤气之类的也一点儿不小心……"其实父母是担心一旦没关注孩子，就没尽到自己为人父母的责任。虽然父母这样的想法并没错，但他们不知道经常这样做会伤害孩子的心。

孩子们在父母发火的时候，可能表现出叛逆或怪异的行动。这只是因为他们也从心里感到难为情而已，所以父母可以试着在唠叨前，先假设一下如果这个孩子不是我的孩子，我会怎么做。

设想一下，全家人一起吃晚饭时，孩子把饭菜掉在桌子上，家长试着不说什么，只是擦干净。如果到了该睡觉的时间，可不可以轻抚一下孩子的头，然后给他们一个拥抱？像这样，不用言语而是用温暖的行动来对待孩子，应该会有更好的结果。

对调皮的孩子要细声说话

与父母交流的时候，他们经常询问我们，"要想让孩子听话，是不是先得调高嗓门？""要想听孩子答应一声，难道得求他们？""是不是得像坏了的录音机一样反反复复地说才行？"

如果说孩子根本听不进父母的话，那么该怎么办呢？父母真想让孩子听话，就应该直接找孩子交谈。不要在房间的另一边或过道里大声嚷嚷，而是到孩子所在的地方，看着孩子的眼睛讲话。如果孩子太小，父母就应该蹲下身子，和孩子保持平视，甚至可以摸着孩子的头和他们对话。

父母希望孩子能完全按照自己的要求行事时，最好能给孩子具体而准确的指示。父母大多时候只是对孩子说："你多用点心。""你多努力一下。""加油。""小心点。""你到底什么时候才能长大啊？""你就不能做得像个大孩子一样吗？"这些话其实并没有什么实际效果。父母需要更具体清楚地表达自己的要求，才能让孩子更好地理解并按要求去做。

说话的时候幽默一些也是不错的方法。8岁的小俊根本不听妈妈的话，妈妈如果只说一次，小俊肯定没有回应，就算妈妈说三四次，小俊也基本不理。因为太生气，妈妈终于有一天拿着手电筒来到了儿子身边，照他的耳朵。

"妈妈你干吗？"小俊问。

"我在看你的耳朵啊，"妈妈轻轻地说，"不管是让你收拾书桌，还是让你整理房间，你总是听不见，所以肯定是什么东西进了你的耳朵，所以你的耳朵堵住听不见了。"

小俊一听，"扑哧"一声笑了出来："行了，知道了，我知道您要说什么了。"

像这样适当地使用幽默，父母的话在孩子心里就收到了百倍的效果。和大声嚷嚷着重复二三十次相同内容的方法相比，这是多么新鲜有效啊。父母肯定想象不到让孩子听话还可以使用幽默的方式。其实，父母们因为忙，又不想让孩子为所欲为，在教育孩子的过程中逐渐变成了事事命令的形式也不是不能理解。

孩子天性好动、爱玩，这也是孩子的可爱之处。看到小孩子晃晃悠悠学走路的样子，或者 8 岁的孩子做个小鬼脸，哪有不哈哈大笑的大人呢？在孩子的成长过程中，不时地运用些幽默，会给孩子更轻松的氛围——当然也不能整日嘻嘻哈哈，失去了教育中应有的严肃。所以父母可以在日常中适当使用幽默，并尽力降低声调，这样孩子一定会与你更亲近。

制定让孩子听话的策略

孩子一旦上了小学，说起话来一套一套的，甚至让人怀疑他们都有实力去参加辩论会了。为了让这样的孩子乖乖听话，父母有必要制定一套协商策略。协商是为了商定出一个一致的目标。

比如，和朋友一起玩的时候，首先要决定玩什么，这时最重要的就是"怎么玩才能更有意思"。孩子如果只强调自己想玩机器人游戏，而忽视朋友想玩过家家的想法，那实际上就没有商量的余地。能同他人商量的孩子会找到"大家都想玩得更开心"这个重点，想出多种好玩的游戏。"我们从哪个开始玩呢？"或者"我们用机器人玩过家家吧。"类似这样的方法，其实可以让所有人都满意。

为了培养孩子的这种能力，日常生活中即使只是遵守一个小规定，父母也不应该用命令或指挥的方式，而是尽量调整自己和孩子的要求，找到共同点，以得出让双方都满意的结果。

孩子的理想我不喜欢

　　我现在只要想到儿子就头疼。

　　我们家圣灿不喜欢学习，就喜欢电脑游戏。我想要是让他玩一天游戏，那简直能让他幸福死。圣灿说他的梦想就是成为一名职业游戏玩家。但是孩子的爸爸可看不惯孩子天天打游戏，他说："打这些游戏有什么用处？"所以孩子的爸爸天天训斥孩子，希望他能努力学习将来当个律师或医生。

　　我们怎么教育孩子才更好呢？

没有毫无天赋的孩子

　　总有些父母会抱怨："我们家孩子什么天赋都没有，可怎么办啊？"但是托"毫无天赋"的孩子的福，家里总会更加祥和。谁也不知道"没有天赋"也是开启幸福的钥匙。有的妈妈认为自己的孩子聪明，就想让孩子的成绩提高更多。其实这就变相给孩子施加了压力，还会在不知不觉中扼杀了孩子的聪明才智。当妈妈们真正了解自己的过失时，孩子的成绩已经很一般了。

　　接受孩子现有的一切，就是说父母不要过分地要求和期待。比如，不要说："要是考上了更好的学校就好了。"或者要求喜欢画画的孩子在英语或游泳方面也优秀。父母太容易在自己幻想的世界里评价孩子，所以父母虽然可以对孩子讲自己的想法，但是无权评论孩子的想法。

　　就好像学习时总不安静的孩子，妈妈会说："我们家孩子就是安静不了，要是能稳稳当当的就好了。"但是让我们换个场景。如果这个孩子去参加运动会赛跑得了奖，妈妈自然很高兴。所以虽然在教室里不能安静的孩子让人头疼，可换到运动场，他的活泼又会让人感到高兴。

不光是孩子，任何人都有自己特有的性格特点。根据时间和场合的不同，曾是优点的也可能在其他时候变成缺点。鹿就可能因为自己美丽的触角而失去生命，也可能因为自己平日里并不看重的腿而死里逃生。人类也是一样，都生活在戏剧性的世界里。

帮孩子找到潜在的强项

能理解"孩子也有喜好厌恶"的父母，才能接受孩子是和自己不同的个体。孩子有时是好孩子，有时是坏孩子。那些希望孩子不管何时都是好孩子的父母，绝对不能理解孩子也是一个独立的存在个体。

最大限度地挖掘孩子的潜力是父母的愿望。但是到底应该怎样挖掘孩子的潜力呢？

这就需要父母找到孩子的强项，让孩子在良好的状态下做事，这样成功率会高很多。父母若能站在不同的角度，以不同的眼光观察孩子，就会发现他们的优势，也会清楚要如何改善他们的弱点。每个孩子都有强项，都有属于自己的才能。数学和英语学得好虽然也是优势，但对孩子来说，更重要的是能动性、同情心、包容心、毅力等。找到孩子的才能并让其充分发挥就是挖掘了孩子的潜力。现在请各位父母收起那些为了寻找孩子根本就不存在的或十分微小的能力而设置的显微镜，重新发现只属于你孩子的特点吧。

一点一点提高标准和期待

一旦孩子没能按照自己的要求行动就训斥孩子的父母并不是在进行教育，而只是为了发泄自己不愉快的心情，纯粹自认为是在对孩子进行教育而已。

孩子要求父母帮忙是最简单的请求，但是对于那些还不成熟的父母来说，也是十分困难的事情。因为这样的父母错以为自己想要实现的也正是孩子所希望的。其实我们很难理解带着这样矛盾心理的父母和子女在一起时的心情。

父母应该根据孩子的能力，循序渐进地调整教育的标准和对孩子的期待。孩子的能力并不是随着成长而自然增强的，而是根据孩子特有的节奏变化的。大部分的孩子会表现出与年龄相符的能力，所以很多父母就觉得孩子肯定能理解自己所说的意义和理由。但是由于孩子能力的差别，也可能对某些部分产生理解上的困难，这时家长就有必要为孩子耐心地讲解。当孩子没能实现父母的期待时，父母也不应该表现出不满或失望，而应适当修改自己对孩子的要求。

对于自我意识还不健全的孩子来说，过度的干涉并不是好的教育方法，也不可能带来大的改变。而发火更不能让孩子做好现阶段做不好的事，对学习能力的提高也没有益处。

对孩子做得不好的事情，家长可以采取边提问边和孩子进行讨论的方法找出做事的动力。例如，"这次不知道吗？那你觉得怎么做才能更好呢？""你觉得现在该怎么做才更有帮助？"等。

孩子从学校拿回来的听写测验，家长不要只关注分数，而要先确认孩子对听写考试的态度。到底是因为不会才出错，还是本来会但马马虎虎写错了——一定要了解孩子错误的原因。同时，还应该让孩子体会到这是根据自己的选择或努力而出现的结果，并告诉孩子他负有解决问题的责任。

告诉孩子就算做错了也没关系

不要经常对孩子说："你可别出错啊。""出错可不行。"相反，要让孩子知道出错并不是丢人的事，出错也是可以理解的。与此同时，还要引导孩子思考以后该怎么做才能避免错误。

如果反复和孩子强调不能出错的话，反而会让孩子感到紧张，使错误频繁出现，最终导致孩子失去做任何事的信心和兴趣。责任感是以能真心承认"我错了"的意识为前提的，但对于自我意识还不成熟的孩子来说，如果父母经常因为孩子的失误而发火的话，可能导致孩子学不到任何东西。这样可能造成孩子由于害怕父母而放弃自我意识，只单纯地听从父母的指挥。

所以家长不必过早地让孩子了解由于过错应负的责任。在让孩子了解出错也没关系之后，进行反复地练习以确保孩子具备了坚定的自信为止。

和孩子聊他们感兴趣的话题

假如你的孩子很喜欢机器人，那么你可以试着和孩子一起玩机器人游戏。与此同时，还可以就游戏内容和孩子聊聊天。这就是父母对孩子所做的事情表示关心的一种方法。比如，孩子在剪彩纸，那么妈妈可以用兴致勃勃的语气跟孩子说："哟，圣灿在剪纸呢？把红色的纸剪成三角形了呢！"

要和孩子聊天，最好选择孩子感兴趣的话题作为开始。可以试着一边问问孩子喜欢哪个歌手，一边对孩子喜欢的音乐表示出兴趣。这时最好准确地发表想法，如"和你一起玩还真有意思！""和你聊聊天，没想到妈妈还学到这么多新东西。"

和孩子一起度过美好时光

父母可以通过表情向孩子表达感情，例如：因为孩子不吃饭而发愁，因为孩子和朋友打架而担心，因为孩子受伤而惊慌失措……孩子们会从表情中了解到父母的感受。学会理解他人的感情，了解自己和他人可能怀有不同的感情，这些都是人际关系中和人相处的重要环节。

父母要避免在和孩子玩游戏或聊天的时候，做出命令或指示的样子。这一点非常重要，因为这是孩子和父母一起消除紧张、享受快乐的时间。如果孩子在这个时间里听到命令，他们会觉得很扫兴或认为爸爸妈妈又要开始"唠叨"了。

父母应该引导孩子说出自己的梦想，并帮助他们具体去实行。为此，父母要学会读懂孩子的心，并能用语言表达出孩子现在是忧虑、伤心，还是生气……这样才能帮助孩子形成自律的习惯，也能帮助他们更好地表达自己的感情、想法和梦想。

事例 4

爸爸太过严格

真晟的爸爸虽然出生在贫寒之家，但父母正直诚实，所以真晟的爸爸从小在严格的教育环境下长大，最终成了一名大学教授。也正因为这个，真晟的爸爸套用自己父母的方法严格要求真晟，希望他获得比自己更大的成功。从孩子很小的时候开始，就督促孩子遵守规定好的起床、吃饭甚至回家的时间。但是真晟的性格不像父亲那样严肃而冷漠，他更像妈妈热情而温暖。所以真晟在爸爸严格的"统治"下，感到无比压抑，难以适应。只要爸爸像"独裁者"那样冲真晟说："你又惹祸了吧?"他就会马上躲到妈妈身后。

对于这样的孩子该怎么办呢?

爸爸可以提升孩子的能力和自豪感

　　随着双职工夫妻的增多，妈妈的压力越来越大。从早上叫孩子起床，送他们去学校，接着直奔公司，到下班后又有堆积如山的脏衣服和家务活等着。再加上准备晚饭，妈妈们简直就没有休息的时间，甚至恨不得自己能学会分身术。大部分的妈妈都因为得不到丈夫的帮助而愤愤不平。虽然与以前相比，爸爸开始更多地关心孩子，但是实际上妈妈仍然是教育孩子的主力。也正因此，妈妈更加疲惫不堪，也更希望得到丈夫的支持和帮助。但是很多妈妈并不知道，她们只站在自己的立场上讲话，让那些想成为搭档的爸爸们望而却步。

爸爸和妈妈是教育孩子的搭档

　　如果妻子总是对大小事都表示不满或提出异议，甚至总是摆出

"反击"的架势，那么爸爸们即使想参与对孩子的教育，也会最终逃之夭夭。所谓平等地教育孩子，是要从妈妈肯放弃"我才是唯一的教育专家"开始的。

不管爸爸工作有多繁忙，也应该交给他们一定的日常任务：可以是给孩子洗澡，也可以是给孩子读故事书，或者准备早饭及送孩子上学等。当父母在教育孩子的问题上产生分歧的时候，最好采取双方都暂时冷静的做法。妈妈们经常会因为双方意见不符，就在孩子面前反驳爸爸，甚至诋毁爸爸的权威，这其实是很不可取的。今后妈妈们可以试着这样说："我也知道真晟的行为让你生气了，但是他也不容易。也许你试着换个方法接近他会更好，你觉得呢？"

和爸爸一起找出妥协的方法

孩子们经常会认为"如果妈妈说不行，就去找爸爸解决"，但是父母应该注意，不能让孩子有这种心理。要让孩子明白"只要妈妈或爸爸中某个人说不行，那就表示这件事不可以"。在制定这个规则后，父母应确认孩子是否真正了解了规则的含义。如果有必要，可以向孩子再次说明，并在其违反的时候进行强调。虽然父母不可能在所有的意见上保持一致，但是有必要在"重要的"问题上同心协力。

另外，如果孩子请求爸爸帮忙解决自己和妈妈之间的矛盾，爸爸最好不要介入，并对孩子这样说："这是你和妈妈之间的问题。爸爸相信你一定可以自己解决好。"

告诉孩子，通过自己与妈妈沟通可以解决问题。父母应该知道，孩子们会为了得到自己想要的东西而分散父母的注意力，或造成父母意见分歧、彼此对立的情况。

孩子和父母中的一方产生意见分歧的时候，另一方并没有必要马上表达自己的意见来支持或反对对方。这时这样说会有更好的效果，"我和妈妈再商量一下，然后告诉你最后的决定"。

这种方法在父母双方意见不一致时使用会有很好的效果，此时还需向孩子说明父母也不可能在任何问题上都保持意见相同。"你也知道，爸爸妈妈也不可能在所有问题上想法一样。"

当孩子对此有了一定的了解，父母可以在交换意见之后，看看是否可以找到妥协的方法。

爸爸是孩子的游戏伙伴

如果说孩子只和爸爸一起玩，妈妈也不要感到失望。很多妈妈会因为自己总是辛苦地劳动，父亲却是孩子的游戏伙伴而愤愤不平。这只能说分工出现了偏差。虽然爸爸本应该成为比孩子的玩伴更重要的角色，但是妈妈还是没必要把这种分工的差异想得太严重。

在教育孩子的问题上与丈夫出现分歧的时候，妈妈应该注意不要在孩子面前让爸爸难堪。就算不能赞同丈夫的意见，也不要带着"我才最了解"的姿态。夫妻在意见有分歧的时候，彼此对骂或争执不下都会对孩子产生不良的影响。假若怒气不停上涌，双方可以选择等心情稍有平复再重新考虑问题的解决方法。

"你就没有一次赞同我意见的时候！""你就非得让我当孩子心中的坏人啊！"比起用这种方式为难丈夫，还不如直接说出自

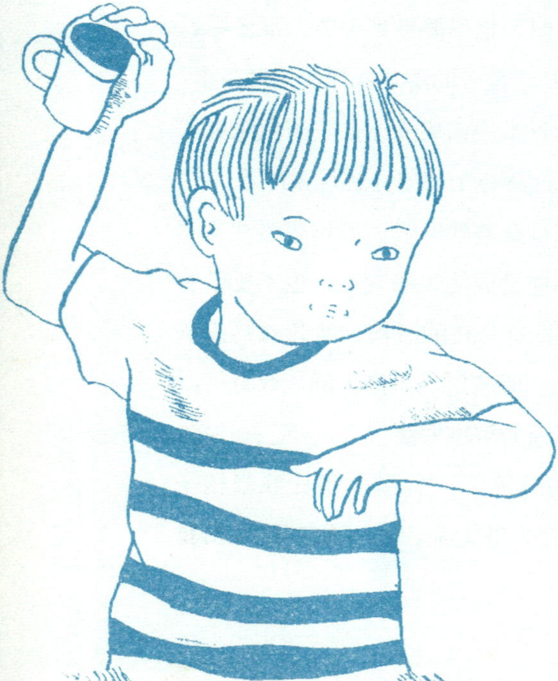

己的感受，"我就是因为你老当孩子心里的好人，老让我当坏人才生气的。"

其实爸爸是帮助孩子提升能力和自豪感的重要角色。因为爸爸会用不同于妈妈的方式教育孩子，但是如果妈妈能接受爸爸与自己的差异，那么家庭生活会更加丰富多彩。

父母和谐的关系让孩子感觉更安全

对孩子来说，父母就是世界的中心。夫妻之间彼此尊重对孩子的幸福和精神健康有着很好的作用。所以，如果父母忘记了夫妻关系的重要性，那么马上就会成为孩子情绪不稳定的诱因。

父母应该从孩子很小的时候就让他们了解孩子与父母各自有各自不同的空间。让孩子看到父母间亲密的关系及彼此尊重的态度，会给孩子安全感，孩子对父母的概念也会有更好的理解。这样可以让孩子用同样的眼光去看待整个世界。相反，如果父母关系紧张，彼此不能很好地尊重对方，就会让孩子感到不安，并厌恶自己的父母，还可能造成孩子用非正常的行动来缓解堆积的压力。

这里并不是说离婚或分居的父母就失去了健全的关系，只要彼此仍保持对对方的尊重一样可以给孩子好的影响。

大部分夫妻会因为有了孩子，就忽视两人之间的关系，以至于造成婚姻生活中的各种问题。为此，夫妻就需要更充分地交流，也需要给彼此更多的尊重。夫妻通过健康的性生活坚固彼此的联系也是非常重要的。

另外，即使某个想法并不能让双方都满意，也应努力彼此适应，共同进退。在需要的时候，通过他人的帮助来恢复夫妻间良好的关系也不失为一种好方法。

夫妻两人单独度假，让孩子更好成长

找些时间做一次夫妻间的亲密对话也是很好的方法。两个人单独相处并不是说要扔下孩子去长途旅行，而是希望夫妻每周抽出一个晚上或一个周末，两个人度过一段温馨的时间。设想一下如果突然有一天孩子发现父母不见了，很有可能大哭大闹，但同时他们也将了解父母也需要属于两个人的小空间。这时可以试着劝导孩子："孩子啊，妈妈和爸爸都很爱你。但是妈妈和爸爸也互相相爱。我们想成为更好的父母，所以就需要你的帮助。你能给爸爸妈妈一段自己的时间么？没有爸爸妈妈在身边，你一个人也能乖乖地在家玩，好不好？那么，爸爸妈妈回来以后一定都亲亲你。"

当然，即使这样说了，也会有些孩子哭闹着不让父母离开。所以这就需要父母在准备过两人世界之前，先确认孩子能够听话地在家。如果你想培养一个健康的孩子，不止要知道为了自己心爱的孩子可以付出一切、献出一生，而且也要明白父母的中心也绝不只有孩子。一旦了解了这一点，那将是给孩子的一份最好的礼物。因为只有这样，孩子才能成长为能为自己生活负起全责的大人。

孩子想要的只是"欢乐 30 分"

孩子真正期待的其实是能和父母一起玩，而玩什么并不重要。

在和孩子一起玩的时候，父母应该了解孩子的兴趣所在，这有助于更好地培养他们的能力。

成长就是从与父母一起进行愉快互动开始的。让我们先想想孩子们喜欢玩的游戏吧。打游戏或者看电视，但这些都是一个人也能玩的事情。假如让两个这样长大的孩子聚在一起，他们甚至不知道玩点什么好。要是没有玩具在手上，就会抓耳挠腮不知道玩什么好而害羞地躲到妈妈身后的孩子更是数不胜数。所以说要想让孩子不管和谁都能友好相处，开心地游戏，那就首先要学会怎么玩。棋盘游戏、球类游戏、过家家、玩娃娃、战争游戏等，不管哪一种都可以让父母和孩子度过一段愉快的时光。玩游戏的时候，孩子可以从父母那里学习游戏规则，也学会如何设置新的游戏规则。一种游戏也可以玩出多种花样。在游戏的过程中，孩子们还慢慢熟悉如何去理解他人，又如何与他人协商。像这样在与父母愉快的互动中，游戏经验让孩子形成与人交往的基本技巧。为了孩子社交能力的提高，各位请尝试着做个朋友般的父母吧。就从现在开始试试在游戏中疯狂地"欢乐30分"吧！

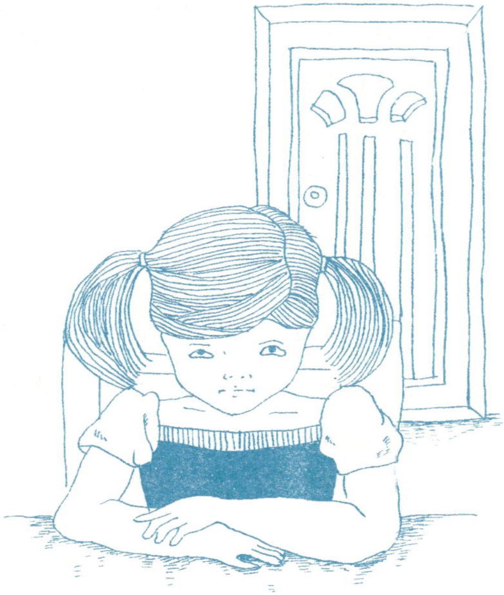

第 2 章

讨厌上学

不能适应学校

　　所谓不能适应学校，就是指在学校不能适应而呈现的一定的症状，也包括总想按照自己的意志，以至于不能适应学校生活的症状。和不适应学校比较相近的词汇还有拒学症、中途退学等。这里所说的拒学症是比较接近精神医学的用语，可以用《美国精神障碍的诊断和标准》进行衡量。

　　不适应学校大体上可以分为两类，即从上学开始就表现出不适应的行为（持续性不适），以及强烈要求离开学校（分离性不适）。

　　对 7 岁的孩子来说，小学是迈入社会的第一步。学校将教给孩子们如何生活的方法。并且孩子在学习秩序和规则的同时，还要学会分辨是非对错。所以对于讨厌上学的孩子，还是需要采取一定的对策。父母一定要掌握孩子讨厌上学的原因，并通过训练，逐渐改善孩子的行为，当然最好能适当地改变家庭的环境。

面对散漫的孩子，
妈妈该怎么办?

　　自从7岁的小勋上了学，妈妈就没过过一天安稳的日子。经常都是妈妈早上给他铅笔盒里放满铅笔，到晚上回家就只剩下一两支。除此之外，老师也时常反映说，小勋上课时不能集中精力听讲，也不能认真按老师的要求去做。所以不知从何时起，妈妈想到要打开小勋的书包就觉得害怕。他们母子就这么身心疲惫地过着日子。

　　先看看小勋的学校生活。首先，不管是自习时间还是上课时间，让他安稳地坐着就是一种痛苦，而且不能耐心地听完老师说的话——不是骚扰同桌，就是看看这儿看看那儿。有时老师还没说完问题，他就举起手来，说出答案。因为这个，他经常遭到同学们的白眼。违反规定的事更是数不胜数。要是谁说了什么不好听的，他马上就发脾气，甚至拳脚相对。在走廊上乱跑乱跳，更是引来老师数次的斥责。

在家也是一样。他从来都不能在妈妈让他做作业的时候安稳地坐到书桌前——一会儿因为没有铅笔站起来，一会儿又因为没拿笔记本站起来，就这样坐了站，站了坐，不能集中精力。而且他如果听到外面门响，就会好奇地打开房门看看是谁。所以做作业的时间自然被无限延长，为此小勋没少挨妈妈的批评。

不过，就算是这样散漫不听话的小勋，也有自己的爱好。要是制作他喜欢的组装模型，别说半个小时，就是一个小时，他也能安安静静地坐着不动。但妈妈为此更加生气，因为小勋明明可以老实坐着、认真地做事，但为什么单单学习的时候就不能老实听话呢？其实大概就因为小勋有能力做但不想努力，或者故意不做而已。

遇到这样的情况，我们该怎么教育孩子呢？

散漫的孩子大多是多动症儿童

小勋属于典型的多动症（Attention-Deficit Hyperactivity Disorder）儿童。ADHD 是儿童注意力缺乏多动障碍，即"多动症"的英文缩写，是学龄前或学龄儿童最常见的精神障碍之一。这样的孩子不能适当地调整自己，表现为注意力不集中、活动过度及冲动性状态。

最近这个词频繁出现在媒体上而被更多的人所熟悉。有些家长发现孩子稍有散漫倾向，就开始担心孩子是不是患了多动症。虽说散漫的孩子多数是多动症儿童，但也并不是说只要散漫就是多动症。忧郁或不安、突然受到极大压力等情况也都可能表现出散漫的状态。所以为了获得准确的诊断，进行心理评价、注意力检测等多方面的检查和细致的观察是非常必要的。

多动症的原因有多方面。可能是脑部的细微损伤或对其产生影响的物理学问题，也有可能是遗传。而环境及心理上的原因，如持续的缺乏关爱或家庭不和、持续的压力、不正确的教育方法及教育态度等都可能加重多动症的症状。

情绪不稳定会造成孩子活动过度

多动症儿童虽然从小就表现出行动无章法或感情变化较频繁，但是当其达到适学年龄的时候这些症状会表现得更加明显。在学校，要做的事情很多，但由于注意力不集中、行为散漫就不能很好地进行或完成，这样当然很容易被老师发现。上了小学的孩子可能和幼儿园的时候没有太大变化，但家长突然听到老师说自己的孩子散漫，就会感到不能接受。孩子在小学低年级阶段，一节课的时间为30～40分钟，孩子在这个时间里要坐在座位上不动是基本的要求。但是对于非常散漫的孩子来说，其实也是非常痛苦的事情，他们即使坐在座位上，也表现出前后左右地看或者和同桌说话打逗等，这样肯定会很快被老师发现并批评。

有多动症倾向的孩子在行动较自由的幼儿园或托儿所时并没有太大的问题。但是一旦上了小学，由于受到各种规定的约束，孩子会感到很困难。据统计，韩国学龄儿童中有3%～5%的孩子表现出多动症症状——假设每个班有40人，那么其中会有1～2人表现出多动症症状。多动症虽然可能因为遗传导致，但环境性因素的原因会更明显。比如，一直作为家里的独生子成长的孩子，突然多了个弟弟；搬家；父母不合或离婚等周围环境的变化，都有可能导致孩子情绪不稳定、注意力大幅下降及活动过度等问题。

父母的言行举止会影响孩子

从大体上看，父母缺乏思考而表现出的言行举止会对孩子产生不良影响，并在形成消极的反馈的同时，出现严重的多动症倾向。父母认为只是随便说的一句话，孩子就可能牢记在心里。

对于多动症，最重要的就是不要错过治疗的时间。如果随着时间流逝，症状逐渐扩展、反复，并持续6个月以上，这时想帮孩子找回稳定的情绪，就必须到专门医院进行咨询。有些家长总认为"孩子还小，等长大点就好了"，所以对症状置之不理，这样很可能造成病情的加重，最终导致性格障碍或学习障碍的出现。孩子持续出现散漫并冲动的行为表现，会使得他不管在家还是在学校都频繁地遭到批评训斥，还可能导致被同学们孤立。如果外界消极的反馈不断积压，孩子慢慢会失去自爱的信念，同时也感觉不到自己的存在。大部分多动症儿童的自尊心和自我意识都较差，这时可以在一定的环境下，通过父母对孩子的性格进行改善。

帮助孩子培养耐心

孩子在小学低年级时的性格和他们的意志有着很大的关联。因为不管学习好还是差，孩子都要努力忍耐并战胜无聊感。孩子要知道放弃其他好玩的事情而选择学习，对自己来说是义务，也是责任。不过孩子的心理肯定是矛盾的。为了学习，可以马上放弃好玩的事情，是一种孩子内心意志作用的结果。在这一过程中，可以让孩子的品格和人格更趋健康。不管多么优秀的老师，也不可能教会耐心，因为耐心是孩子自己培养出来的内在力量。在培养孩子耐心的同时，会发现他们的数学、书法以及绘画，甚至学业都有了实质性的提高。

主动的重要性

为了减轻孩子可能出现的苦闷，赋予他们主动性就显得无比重要。最有效的方法之一当然是奖励。假如孩子在一个月的时间里，每天都能按照约定自己整理好书包，那么父母可以带孩子去一次他一直想去的游乐场，或只要不是太晚，允许孩子推迟睡觉时间，或让他们自己尝试做简单的料理，也可以允许他们玩平常不让玩的玩具或游戏等，孩子们想做或喜欢做的事情都可以作为奖励的一种形式。父母需要在日常多注意子女喜欢什么，并在教育中用其作为对孩子的奖励。但是如果奖励的内容每次都相同，就会失去奖励的意义，也会让孩子认为父母为了让自己听话，用奖励来"挟持"自己。所以父母应该时常注意调节自己的奖励方式，并根据具体情况进行变化。

给孩子评分是有效的方法

首先，我先说一下把分数板挂在看得见的地方，然后给孩子加分的规则。比如，认真完成作业 10 分，和弟弟友好相处 9 分，帮妈妈跑腿 8 分，不撒娇要赖 7 分等，之后将各项得分相加得出总分。像这样获得积分后，孩子可以和家长换取相应的奖品。既可以选择孩子喜欢的书、玩具、游戏机等作为奖品，也可以精神奖励。如果孩子每次都能认真完成作业，那么可以选择给他特殊的奖品，"现在你每天都能自觉地完成作业了，所以得了很多的奖励，这次你想想有什么别的想要的吗？一个星期看一本课外书怎么样？"像这样将奖品变成可以让孩子获得更多积分的行动也是非常好的方法。

父母不要误以为孩子听话给他们买生活用品就是奖励，奖励是要以满足孩子想要的礼物为原则。这是因为孩子如果得到的是自己做梦都想要的东西，那么一定会非常兴奋。礼物并不应该是父母看来孩子必需的学习用品或生活用品。只有让孩子收到后开心而兴奋的才称得上是礼物，家长可以和孩子一起打开礼物，一起享受愉悦的心情。如果说孩子并不止一个，那么和兄弟姐妹一起玩、一起分享会有更好的效果，但由于现在有兄弟姐妹的家庭并不多见，所以即使是和父母一起玩，也要让孩子享受到接受礼物的欣喜。这样的礼物才不是物品，而是父母的心意。为了让孩子更开心地接受礼物，请父母注意遵守礼物原则。

发火是可怕的毒药

与其说在经常发脾气的父母身边长大的孩子是真心想成功，不如说是为了让父母高兴而努力成功。父母越是发脾气不高兴，孩子越是想知道到底该怎么做才能让父母满意高兴。

当然这里也并不是说父母应该无条件地照孩子的心意满足他们。父母有必要在需要的时候介入，这是父母作为监护者的责任和义务。不过，这里有几个要注意的地方。父母认为在教育孩子的时候发火生气是正当的，因为自己有干涉孩子的权利。但父母忘记了这样做的同时，也剥夺了孩子练习自己解决问题的机会。父母要知道越是惩罚孩子，越不能改正孩子的行为举止，相反却让父母和孩子的心越离越远。

请在 A 型或 B 型中选择一种进行测试。

A 型

下表中有 8 项以上内容持续出现 6 个月时，请带孩子去做咨询。

内　容	符合	不符合
在做作业或玩游戏的时候注意力很难集中。		
不懂得倾听。		
很难按指令做事。		
爱丢东西。		
散漫不听话。		
总是坐立不安。		
不能长时间坐着不动。		
很难安静地玩。		
常常突然回答问题。		
很难按顺序等待。		
经常妨碍别人做事，或插入别人的群体。		
不能长时间地做一件事，总是一会儿做这个一会儿做那个。		
话多得有点让人讨厌。		
经常做出一些危险的行为。		

B 型

请按每一项的表现程度给分。"不符合"0 分;"有点符合"1 分;"基本符合"2 分;"非常符合"3 分。总分在 18 ~ 20 分以上的孩子,有可能患有多动症。

内　容	程度			
	不符合	有点符合	基本符合	非常符合
不能安静下来,多动。				
很容易兴奋或表现冲动。				
总妨碍别的孩子。				
做事情总是有头无尾——集中力保持时间短。				
总是坐立不安。				
注意力很难集中,即使集中起来也很容易再次分散。				
要求不能马上被满足的话,很容易选择放弃。				
经常而且很容易大哭大闹。				
心情说变就变。				
容易发脾气,感情起伏不定,很难预料其行为。				

讨厌去学校

我听说恩莹在上课发作业的时候摔倒了，摔倒以后她马上就哭了起来。同学都上前安慰她，但是恩莹说这让她更难为情。还有，平常恩莹从来都没有忘带作业或学习用品的时候，最近却有一次没带日记本就上学去了。其他没带日记本的同学有的说，放学以后回家拿，然后交给老师；有的说没写，所以甘愿留下来打扫教室；但恩莹却还没和老师说什么就先哭了。她说，因为自己经常出错，所以感到难为情，而且同学们都看着自己，自己却总是流眼泪，这让她更感到无地自容。恩莹因为担心被同学认为是笨蛋而常常感到不安。所以最近她因为怕出丑，而嚷着讨厌去学校。

我们家恩莹该怎么教育才好呢？

上小学的孩子到底怀着怎样的心情

7 岁的孩子知道自己要去学校上学的事实后会怀有一种极大的压力，这一变化也很可能让他们感到无比恐惧。作为父母，其实也是一样的心情。但对于那些大部分时间都在家里度过的孩子来说，感觉到的压力就会更大更严重。即使是善于交朋友、走到哪儿都能很快适应、性格随和的孩子也可能发生一些意想不到的问题。所以家长一定要知道，对孩子来说，学校就是一个小社会。家长应该尽可能地帮助孩子克服对学校的担心、对老师的恐惧以及对失误或危险的害怕等。

一直在父母怀抱里成长的孩子，开始去幼儿园的时候，因为认识了新朋友和老师而备感兴奋。但是即使是老师们喜欢的聪明伶俐的孩子也会在上了小学后，失去集中力和积极性。要想让孩子适应学校生活，和朋友们友好相处并培养自己良好的性格，就要培养孩子强韧的自信和意志，否则不仅学校生活，就连日常生活也可能出现问题。因此，这些问题可以说就是决定孩子未来的因素，因为学校生活包含了个人的努力和态度，以及自我意识等。

克服上学带来的不安

孩子很可能因为开始上学而感到不安——越是被要求不管做什么都要做好的孩子，这种心情就越强烈，因为他们对在学校生活中的收获有更多的恐惧。父母首先要扔掉在孩子面前事事担心的习惯。担心通常会通过不满表现出来，对结果的不满总是由对现实的不满来表现。

孩子也是一样。"我讨厌我们老师，他有点毛病。""我讨厌听写。""我不想做作业。""没人和我玩儿。"这些话其实就是孩子不想去学校的变相表达。孩子这么说其实就是因为他们担心学校老师或同学如何看待自己而已。家长要在担心中养成洒脱的性格，也要帮助孩子形成这样的性格。所谓孩子的成长是指他们凭借自己的力量去解决问题，从父母的怀抱中走出来，成为实现更多可能性的完整个体。家长不能要求孩子成为自己的附属品，也不能全身心地只为孩子。孩子在独立完成事情的时候，父母应该鼓励他们，就像自己离开父母的怀抱一样，要让孩子记住离开父母的怀抱是必需的。家长最好不要因为孩子恋恋不舍就抱怨或说些让孩子担心的话。父母应该制定自己的计划，要懂得为自己而活，所以不要以孩子学习好为自己的目标，因为那不应该成为家长的目标，而只是孩子自己的目标而已。孩子是和父母分离的一个独立个体，因此，父母和子女应该有各自独立的生活，同时家长有义务鼓励孩子尝试各种不同的事物。

确立明确的目标，全身心投入

对于小孩子来说，让他们在没有明确目标的情况下，集中精力做事简直是不可能的事情。孩子一旦失去了集中力，学习潜能的挖掘就会变得非常困难。所以学习不再是自己的愿望，而成了因为妈妈的唠叨或老师的体罚等外界因素强压下的结果。孩子通过与父母良好的关系获得自尊心、意志和判断力，这些会使学习和教育变得更加坚韧。在学校生活中取得成功的过程其实就是忍耐和坚持的过程。所以说，如果孩子不能适应学校生活，那么就会对孩子人格的健康发展产生巨大的影响。

良好的生活习惯能增强自信心

为了让孩子在学校生活中带有充足的自信。

首先，要让孩子自己穿衣服。没有哪个老师喜欢连最基本的事都做不好的孩子。孩子只有自己会穿衣服了，才能自己系鞋带。假如孩子还没学会自己系鞋带的话，给他们买没有鞋带的鞋子也是不错的选择。另外，可以在孩子的书包里放一件干净的衣服，让孩子在衣服弄脏的时候换上，同时这也是对老师的一种帮助。

第二，孩子应该学会自己上厕所。在想上厕所的时候，要知道提前和老师请示并自己去厕所。

第三，还应该懂得看管好自己的物品。所以不要给孩子带太多的东西上学，这样才不至于出现更多的问题。如果让孩子带着手机或贵重的玩具去学校，那必然是会出问题的。这时，就需要家长教会孩子上学时只带最必要、最方便携带的文具。虽然那些类似毛绒玩具的小东西可以消除孩子的不安和紧张，但这些东西一般都禁止带入学校。家长帮助孩子做到这些，才能有效地防止物品的丢失。

第四，孩子应该了解如何与他人对话，应该提前学会如何向老师表达自己的想法。有些孩子很害怕老师，所以要告诉孩子，老师不可怕、很和蔼，同时多鼓励孩子和老师交流。另外，也要让孩子知道由于老师非常忙碌，所以如果不是必要的要求，就不要麻烦老师。

第五，教孩子和同学友好相处。能和同龄的孩子们友好相处是非常重要的。所以孩子应该学会同他人合作，懂得谦让友爱的道理。那些不能和其他孩子友好相处的孩子是不可能适应好学校生活的。

孩子并不需要从小就学会一切

阅读、写作、数学、外语，再加上游泳、钢琴、美术，想让孩子在方方面面都优秀的家长从现在开始必须抛弃这样的想法。如果孩子真的能很好地学习并消化这些知识的话，当然没有问题，但是一旦孩子做不到，那么他们将一直生活在担忧和压力之中。所以，父母应该按照孩子自身发展的情况，安排适当的学习和活动，从"学习要趁早"的思想中脱离出来。与其把孩子压在学习的重负下，不如多提供孩子读书、大笑、撒娇甚至冒险的机会。人生需要的不是在强压下学习和熟悉的能力，而是能幸福愉快地生活的能力。

让孩子亲近自然

能将孩子从担忧和不安中拯救出来的就是大自然。走出家门，痛快地跳啊跑啊，爬上高山或在湖中乘坐小船都能让孩子忘记担忧，从不安中解脱出来，并感到前所未有的新鲜。偶尔让孩子参加一下没有严格规章制度制约的夏令营，或放下功课到林间小路散散步都是很好的方法。要允许孩子到小公园打闹玩乐——即使会弄脏衣服，也要让孩子在亲近大自然的同时，感受幸福生活的意义。

不必成为完美的父母

要想让孩子们了解什么是愉快幸福，父母首先不能在生活的重压下受煎熬。如果总希望什么事都做到最好、达到完美，就会加重自己的压力感，最后只能让孩子看到自己在重压下疲惫不堪的样子。作为父母，首先要思考自己选择什么样的生活。如果父母总要求自己事事完美、做到最好，那么他们对孩子也会有相同的要求。所以与其担忧着生活，不如选择自由而愉快的生活。

消除孩子内心的恐惧感，树立自信心

教孩子不要害怕学校的生活，而是要更积极地去适应。为此，父母首先要保持平和的心态，不给孩子灌输恐惧，以帮助其在安静祥和的环境中成长。因为对什么都有恐惧感的孩子是很难保持自信心的，所以父母绝对不能在一旁危言耸听。比如，和孩子说世上是多么险恶，告诉他们要小心陌生人或周围处处都危险之类的，这样说对孩子只有害而无益。孩子会在成长的过程中，自然地了解到险恶和危险，这才是正常的成长过程。因为孩子只有对生活无畏惧感，才能在学校表现得更有自信，发挥出自己的才能来。

学习独处

为了帮助孩子消除在学校的紧张感，让他有充足的自信，就要让孩子有保留自己情感的空间，所以孩子应该学会独处。家长可以从孩子小时候开始引导孩子在书中找乐趣。不能独自从书中感受各种情感的人，长大以后什么也做不好。能把我们从自己狭小的空间中脱离，并引导我们走入更广阔空间的只有书籍，了解这一道理的人更懂得愉悦和自由的意义，也能更好地摆脱烦恼。

读书让人的心获得平静，与人物的心灵对话更可以帮助自己管理情感，更好地从担忧中走出来。所以尽量给孩子独自享受时间、愉悦自己的机会。父母认为孩子应该和自己分享一切情感的想法绝对是错误的。在独处的时间里，孩子可以更自主地走向成熟。

孩子们只有在自己准备好的时候，才不害怕，才能自信满满地面对挑战。也就是说，应该让孩子在准备好要说话的时候说话，准备好要出发的时候再出发。

种在心里的梦想一定会实现

说着模糊的梦想的孩子只是单纯地为了获得肯定，而能具体讲出梦想的孩子一定会为了自己的梦想而不断努力。他们会为了实现目标，日夜做着准备。有着具体梦想的孩子会说："我想成为这样的人。"而且他们会改变自己的生活方式来加速梦想的实现。所以作为家长，从孩子所做的努力就可以判断他们到底是真的想做一件事，还是只为了引起大家的注意。

孩子们到学校学习、运动，或者读书、听音乐、和朋友们一起玩，都是为了能感受到生活的丰富多彩和美好。所以不要要求孩子必须学习好。假如孩子没能因为学习优秀获奖，父母也不应因此批评、训斥他们，而应该让孩子尽可能地在自己喜欢的事情中享受乐趣，并感受学校生活的多姿多彩。

当梦想不是为了别人，而只是为了自己的时候，我们才会更加努力地去实现。当然，对于这样的梦想，不管是谁都没有权利阻碍。谁也不能因为孩子说想成为律师就大力支持，而因为孩子想当发型设计师就极力反对。所以，父母应该尽力支持鼓励孩子实现自己的梦想。

比如，有个女孩子叫在媛，她说她想成为飞机驾驶员。但是因为自己的视力不好，在媛非常苦恼。这时，父母该怎样对孩子说呢？

"女孩子当什么飞机驾驶员啊，你眼睛还不好，根本不可能。"像这样，无异于践踏了孩子的梦想。这其实并不是孩子以后能不能成为飞行员的问题，而是没有梦想的人只能生活在不幸中。所以父母应该放下梦想是否能实现的担忧，积极鼓励孩子寻找自己的梦想，并为了实现梦想而努力。

孩子不愿意记录老师的要求

我们家瑞弦的健忘症太严重了，根本不能规规矩矩地在记录本上记下老师要求准备的东西，自己的东西也总是丢三落四，管理不好。而且对作业啊、学习啊也没有什么兴趣，就只喜欢拿着娃娃或玩具玩。

今天早上我嘱咐了她3次要把老师要求的东西写在本子上，但是回来后我发现她还是没能记下来。我们为了帮孩子克服这样的问题，已经用尽了各种方法，但是似乎毫无效果。到底有没有什么更好的方法呢？

孩子在学校里学习表达情感

在幼儿园，5～7岁的孩子可能在同一个班里学习。稍大点的孩子会一边照顾小孩子，一边教他们学习。孩子们在一起友好相处，一起玩耍。这样做，可以培养大孩子的责任感，新入园的孩子也能更快地适应幼儿园的生活。这样的氛围既可以减少幼儿园里的竞争，也可以帮助孩子们按照自己的进度学习。

但是孩子在上学后要比在幼儿园时更努力地学习。这样他们才能学会如何更清楚地表达自己的感情，如何传达和保护自己的想法，如何批判地思考。

帮助孩子感受学校生活的乐趣并愉快地学习

积极的态度不只是吸引人的魅力，而且在生活中遇到困难时也能加强心理免疫。通过对包括成人和儿童在内的50个人千余次的研究证明，越是乐天的人患忧郁症的概率越小，相反，在学习和工作中获得成功的概率越高。他们相对于悲观的人，身体也更健康。而这种积极乐观的态度是完全可以通过后天的教育培养的。

孩子难免要经历诸如没能记录下老师的要求、被老师批评、被同学捉弄、被父母训斥等问题。但是判断力低下的孩子就可能认为他经历的这些都是因为自己太差劲造成的。而这种想法一旦深入到幼小的心灵里，就会使孩子产生恐惧感，从而失去自信心，最终造成对学校生活的厌恶。

要想孩子保有积极乐观的态度度过校园生活，就要长久维持以下四个环境：愉快而和睦的学习环境、多彩而自主的生活环境、友好的人际环境、舒服的校园环境。很多家长都误以为寓教于乐的教育形式会给孩子过度的自由空间。但是我们所有的"寓教于乐"中的"乐"并不是与"好好学习"背道而驰的。

过去，我们只重视教给孩子纯粹的知识，而忽视了孩子们的兴趣、心理和个性等，但是"填鸭式"的教育只能让孩子们被动地学习，并在学习中受尽煎熬。所以，最后只能成为孩子求知欲的绊脚石。"趣味学习"并不是突发奇想，而是为了让孩子更喜爱学习、能自动自发地进行学习并减轻心理负担的教育方法。如果这种"寓教于乐"的方法被普及的话，孩子们将经历一次学习方式的大变革。

为此，父母要多注意孩子精神及身体的成长发育状况、个人习惯以及思考方式等方面，以帮助孩子在学校愉快地学习。所以，孩子在学习之前，家长有必要先给予孩子真心的关爱。

感受到爱的孩子能更主动地学习

孩子和父母在一起的时候会感到安全和幸福。那么，孩子和其他大人在一起的时候也同样会感到安全和幸福。

对孩子来说，不管有多少爱都不会觉得多。但是爱和宠并不一样。温和地说"不行，别那么做"是能让孩子安心的。

孩子能从父母说话的语气、眼神甚至指挥自己时的手势中感受到爱。孩子平时对他人所表现出的态度是可以从他小时受到多少爱来判断的。从小就感受到父母和老师的爱的孩子能更主动地进行学习。

可怕的责备和训斥

太严厉的斥责或野蛮的体罚都会削减孩子的自信，在他们幼小的心里留下伤害。严重的时候，可能会让孩子陷入消极的心理状态，从此自暴自弃。家长应该肯定自己的孩子并不比别的孩子优秀，但同时也并不比别的孩子差。相信我们自己的孩子和别的孩子拥有同等的价值。父母在批评孩子的时候，要考虑到如何能让孩子保持活泼、开朗的性格，并在未来成长为能为他人着想的人。如果说在某一瞬间，父母很盲目而没有考虑到孩子的情感，那么应该学会在此时让自己先停下来，三思而后行。

从斥责中找到优点并进行表扬

美国思想家爱默生曾说过："如果别人犯了错，就找出他的长处来赞美他。"所以，即使孩子表现出让人不解的异常行为，父母也要相信孩子的心是善良的——即使再小的优点，也不妨拿出来表扬一下，这样孩子才会以健康而诚实的心信任并依靠父母。

但是也有作好准备要表扬孩子，却怎么也想不出该怎么说的时候。这是因为自己的心里没有"表扬的话语"或没有"表扬别人的经历"，也可能因为自己没有"被表扬过"。这样的人多数都不懂得如何找到别人的优点。

如果没有表扬的经验，那要实行也是非常困难的。所以父母如果总是拿着自己的尺度和标准来衡量孩子的话，孩子就永远不够成熟、永远不完美，最终父母的嘴里除了训斥和不满，不可能说出别的话来。

所以，觉得自己不懂得怎么表扬别人的人，首先要下决心去表扬。可以试着在心里描绘出对方的形象，构造一幅表扬对方的图像。

比如，看到睡意未消的孩子从被子里露出脸来，是不是可以这样说："睡得好么？今天按时起来了呀！"试着想象自己这么说时的样子，最后形成有效的"自我暗示法"。

"我经常表扬孩子。我经常表扬孩子。我经常表扬瑞弦……"像这样每天大声说20次，形成自我暗示。

缺点常常是那些不愿被人碰触的心灵伤痕。所以，我们可以把缺点留给时间去治愈，而多称赞那些优点。这样，孩子也会因为经常受到表扬而在成长中发生积极向上的变化。

尽可能让孩子尝试新经历

孩子听得越多、看得越多，就越容易感觉安全。父母应该多给孩子和其他孩子一起玩耍的机会，多为孩子制造认识更多人的机会。

另外，最好让孩子时刻准备着对付突发的事件。

带孩子上医院的路上，孩子肯定会说："妈妈，我怕疼。"

这时最好这样说："是会有点疼，但是就一下，很快就过去了。"

"我不去。"孩子大概还会撒娇耍赖。

那么妈妈可以用严肃但温和的声音告诉孩子："那也不行，一定要去。"这样既让孩子别无选择，但同时也不会感到过多的恐惧。

不要威胁孩子或让他难堪

偶尔孩子会因为某件事情而惊慌失措，这时父母应该尽量不让孩子感到难为情。可以在孩子害怕或惊慌的时候抱抱他，以安抚他的情绪。如果孩子被吓哭了，与其强迫他马上停止哭泣，不如让孩子哭个痛快。因为孩子哭必然有他哭的道理。

不要用任何形式威胁孩子。有些妈妈习惯对孩子说："你再这样，我就不要你啦。""妈妈走了。""你要是走，就永远别回来。"诸如此类的话最好不要对孩子说，因为这是很容易让孩子受伤的解决方法。假如你不想让你的孩子受到伤害，在你短暂外出的时候最好告诉孩子："妈妈马上就回来，别担心，妈妈不去远的地方。"

过度的保护会毁了孩子

过度的保护会导致孩子对父母的过分依赖。一旦妈妈不在身边，孩子就会变得焦躁不安。所以要让孩子在没有妈妈的情况下也能很好地待着，甚至要能信心百倍地自己出门、自己上学、自己经历新事情。这样孩子才能信心十足地对妈妈说："妈妈，再见！"

为了让孩子知道并不是所有的事情都可以做，你只要轻声告诉他"这个不行"就可以了。让孩子充分了解有些事情是不可以做的，这样才能帮助孩子养成独立思考、自己解决问题的好习惯，同时也能提高其自主学习的能力。

对父母的提问不理不睬

我们家恩英上幼儿园时非常听话，妈妈说什么都照着去做，但是上了小学以后，放学回家除了说"我要吃饭"以外，什么都不想说。为此，我真的很伤心。

最近她还整天紧逼着让我给她买花里胡哨的牛仔裤。今天早上她因为穿着有蝴蝶结的花连衣裙去学校，被同学取笑为"公主"，结果哭着说是因为妈妈才会这样。现在，恩英觉得自己已经不是小孩子了，所以放学回到家，不管我问什么她都不想回答。进了家门就吃饭，一吃完就马上钻进自己的房间，不出来。要是我去敲门，她就大声嚷嚷着："我做作业呢！"然后"哐"地把门一锁。

我真不知道自己做错了什么，孩子怎么变成这样了呢？

教孩子管理愤怒的情绪

愤怒是预示自己正在受到威胁，并提醒自己注意的一种情感。愤怒是需要用健全的处理方式进行管理的难以控制的感情。父母可以做的最好的事情之一就是将愤怒的情绪以正常的方式接收下来。除此之外，还应该多和孩子讨论情绪问题，让他们了解情感是什么、从哪儿产生的，而且告诉孩子情感不分好与坏，也没有对与错。

孩子在成长的过程中必然会经历喜悦、惊讶、愉快、害怕等情绪波动，也会受到伤害、遭遇挫折，所以要让他们确定自己的情感状态并能完整地表达出来。父母可以多问孩子感觉怎么样，并帮助他们了解更多表达感情的词汇，这样才能让孩子在和父母交流时更好更顺畅地表达自己。

如果孩子开始能掌握自己的情绪了，父母应该对这样的事实给予肯定，告诉孩子："你已经开始懂得如何对待自己的情绪了，真棒！"

　　一旦能够了解自己的感情，并对其作出具体分类，人们就不会选择破坏，而会用建设性的方法来表达愤怒了，与此同时，也能在紧急的情况下自如地处理问题。

安静地坐下来听孩子讲

　　当孩子被某种强烈的情感抓住的时候，父母就会恨不得冲上去帮孩子战胜它。父母的这种心情在孩子激动得不能自已时更为明显，有些父母甚至会乐此不疲地"帮助"孩子。

　　但是被强烈的情感冲昏了头脑的孩子听不进任何人的话，更是讨厌那些忠告和批评。这个时候他们唯一想知道的就是自己到底怎么了。所以，能帮孩子走出来的有效方法就是安静地坐下来听孩子们讲话。

适应孩子的性格

　　父母应该根据孩子的性格来选择适当的时间进行对话。性格外向的孩子喜欢把什么都表露出来，所以他们恨不得第一时间说出发生的事情和自己的心情；相反，性格内向的孩子则什么事都放在心里，不管说什么都得先思考。所以在处理孩子不良情绪的时候，如果父母没能了解孩子的喜好，就可能让其感受到挫折感和不痛快，从而导致更多的困难或使事情的解决陷入僵局。

留给孩子自己的空间

孩子上了小学，就开始厌烦父母过多地干涉，而需要有自己独立思考和娱乐的空间。父母因为过多的关心和好奇非要干涉孩子的生活，最后只能成为一种"不健康的偷窥"。

虽然父母希望了解孩子的生活和心理的心情可以理解，但是这种行为就是对孩子自律能力的一种否定和不尊重。孩子从学校回到家，妈妈们不要着急着询问孩子一天的生活，而是给他们一定的喘息时间。这样不等妈妈问，孩子就会唧唧喳喳地讲出来。如果说家长想更多地了解孩子在外面做了什么，就不要提一些简单的问题，而是越具体的问题越好。比如，问孩子"今天过得怎么样"就不如问他"今天在学校吃的是什么？"而且在孩子讲述的时候，父母应该避免插话或说得太多，应该保持安静、平和，直到孩子把话说完为止。让孩子感受到父母——"只是希望你能好好长大。""无论何时，我都站在你这一边。""无论你要作出什么决定，爸爸妈妈都是你最好的朋友。"

除此之外，也要让孩子知道"爸爸妈妈相信你能做得很好，不管要做何种选择，都不要为了取悦他人，而是要按照自己的意愿和感受作决定"。

让孩子说出自己的想法和感受

有时，孩子会因为在学校遇到了困难而问父母该怎么办。虽说这样的时候身为父母想给孩子许许多多的忠告，但是实际上这种想法并不正确。在这样的时候，与其给孩子忠告不如让孩子自己思考。比如："你是怎么想的呢？"这样就可以引发孩子说出自己的想法，而父母在孩子发表想法的时候，不时地点头表示赞同，并安静地听完就是最好的回应。在孩子自己的想法的基础上，父母可以给予一定的意见或建议，让孩子感到父母不是"独裁者"，而是让人信服的"军师"，这样会收到更好的教育效果。

　　为了给予孩子自己的空间并避免矛盾，最好的方法就是父母在孩子还很小的时候为他们创造充满信任的环境，并时常与他进行自由的对话。让孩子了解家长不是敌人，而是自己的"同盟军"、"发言人"，才能让他们放弃隐藏自己的内心，更积极地与父母交流。

事例 9

孩子在学校里打同学

学校老师经常担心地和我说，镇泰不能控制好自己的情绪。如果哪个同学对镇泰做错了什么，他总是不开口就先动手。数学题想不出解法，就干脆把书撕烂；经常在美术课上因为和同学吵架，把画笔之类的扔上讲台。

另一方面，为了让同学都能注意自己，他还经常戳戳他们，一边嚷着"来抓我啊"，一边飞也似的跑走。而且还有过打人、抓破对方脸的情况出现。

这样的孩子到底该怎么办呢？

信任的种子结出良好的品性

信任是父母给孩子最好的礼物。品性是从小开始培养、由多方面造就而成的。所以如果父母能在家为孩子提供坚实的基础，并为他找到可能实现的目标，让孩子自己为了目标而生活的话，相信不久的将来一定可以收获好的结果。

孩子的成功并不是在整日反反复复的唠叨中成就，而是从父母给予孩子的信任中诞生并在哪怕很小很普通的实践中不断训练出来的。良好的品性也是一样，是在认真完成每一件平凡的事情中成长而不是在"空想"中形成。

有天生就受幸运之神眷顾的孩子，也有生活很艰难的孩子；有在学校里总是事事优秀最终以优异成绩毕业的孩子，也有在音乐或运动上有才能的孩子；有长得好的孩子，也有不管什么方面都给人惊喜的孩子；也有的孩子不仅学习好，在运动方面也是健将；但与此相反，有些孩子日日夜夜与学业抗争，成绩却怎么也提不高，更有些孩子不管做什么都很差劲，还经常生事惹祸。

这一切都和父母的教育与信任有着重大的关系。

开发孩子的各种潜能

首先，我们要努力成为能开发孩子潜能的父母。如果父母的教育只是为了让孩子找出一个正确答案的话，就很难再培养孩子的创造性和随和的性格。所以父母应该帮助孩子随时准备应对各种可能出现的情况，想出多种解决办法。为此，父母与其给孩子指示、忠告或建议，不如多向他们提问。有时孩子因为要做的事情太多而大发脾气，父母看到可能就想替孩子做或帮他们整理，但是这样对孩子并没有帮助，所以，如果真想给孩子提供帮助的话，试着给他们提一些问题。比如，"这么多事情，你最想先做什么？""以前也有过一次要做很多事的时候，你是怎么快逨简单地完成的？""什么事能让你觉得自己是最棒的？""现在试试那个方法，看和之前会有什么不同？"这些问题可以让孩子自己理顺做事情的顺序，找到顺利完成所有"任务"的方法。用给孩子提问的方法，能引导孩子适当地进行思考，并独立找出解法，在带有目的的基础上找到数十种的可能性，并逐渐成长为不仅能看到自己的存在，还能看到广阔天地的人。

做个客观的父母

要让父母做到客观，大家可能会觉得这并不容易。但是孩子总是通过父母眼中的自己看到客观的自己，以及别人眼中的自己，并通过这些找到未来的方向。为此，父母应该摒弃那些属于自己的观念判断、评价、忠告、建议、指示以及强制，而为了孩子要成为一面能真实反映孩子的镜子。

"你怎么就这么贪玩呢？"这就是父母的判断和非难。

"今天你迟到了啊。"这才是用事实说话。

"行了，你别狡辩了，赶快说说你到底什么时候能按着说的去做！"这无疑也是非难和强求。

"真听话，那现在我们来想一想为了遵守诺言，你该做些什么。而且也看一看妈妈能帮你什么。"这样才是叙述现实情况，并帮孩子找到了今后要前进的方向。

父母不能很好地解决与子女之间的问题，甚至和子女争执，最终只能因为固执己见且不肯定对方的判断或评价，使彼此找不到共同点，而导致更严重的问题出现。要想让孩子成为能够尊重并关心他人，无论何时总是先自我反省的人，父母首先要放弃个人成见，成为孩子看得到真实自己的镜子。

不要给孩子的错误判"罪"

父母必须知道，即使孩子做错了什么，也并不是像成人那样带有某种意图的。对孩子来说，基本没有带有意图行事的时候。即使是犯了反复的错误也是一样。

由于孩子也可能犯错，所以父母应该在一旁帮助他们作出正确的选择。由于孩子也和成人一样，有权作出选择，这时就要求父母引导他们选择好的，而不是阻止他们选择不好的。

父母的爱和信任是教孩子作出正确选择的最佳方法。虽然人的本性是天生的，但后天的训练也是必要的。从某种角度来看，和孩子争吵是极其错误的方法。当然，过分的放纵同样是不正确的。

当孩子犯了错、抢了别人的东西、不听话、说谎或打了别的孩子的时候，父母最好尽快对其进行教育，然后要从心里完全谅解孩子的错误并给他重新开始的机会。因为经常或长时间让孩子受罚对孩子的成长有百害而无一利。

不需训斥，"思考的椅子" 8 分钟成效

有的时候，暂时没收孩子喜欢的东西也是一种有效的方法，除此之外，还可以试着使用"思考的椅子"。所谓"思考的椅子"是指在孩子做出错误的行动或无法控制自己的情绪时，将孩子带离对其产生影响的地方，并暂时"隔离"起来。对于孩子来说，对其进行 8 分钟"思考的椅子"较为合适。

要使用这种方法，父母首先要向孩子说明"思考的椅子"的规则。当孩子和父母处于平静状态的时候，告诉孩子什么是"思考的椅子"，并说明这是为了帮他们改正错误的方法。另外，父母最好先给孩子做一次示范，或用娃娃之类的玩具进行演习。

进行"思考的椅子"时，父母最好将孩子隔离到 10 秒以内可以到达的地方。因为如果带孩子去得太远，就很难保证隔离的时间。而且如果孩子犯错后，不能马上实行"思考的椅子"，就可能导致孩子不知道自己做错了什么而受罚。一旦孩子做错了，可以将孩子

转移到能让他思考自己做错了什么，又为什么受罚的地方。所以，最好是一个不被别人注意，能让孩子在短时间内感到厌烦、枯燥的地方，一般是和生活空间相隔离的地方。

"思考的椅子"要根据孩子的年龄来规定隔离的时间。小学低年级的孩子一般在 7 ~ 8 分钟最合适。每升高一学年，时间可以加一分钟。只有规定好坐"思考的椅子"的时间，才能保证更公正地进行。另外，还可以在孩子看得到的地方放一个闹钟，这样随着规定时间的到来，闹钟自动提醒孩子和家长，也方便孩子了解自己开始和结束坐"思考的椅子"的时间。

闹钟响后，让孩子从"隔离室"出来，并让他思考为什么被隔离。这时，最好向孩子提问，以便了解孩子是否真正明白了自己的过失和受罚的原因，然后再让他做其他的事情或出去玩。

就算孩子总是犯错，也不要放弃希望

孩子在做出错误的举动时，父母应该牢记一点——决不能用成人的心和生活中的丑陋给孩子挖陷阱。父母只有学会尊重孩子，孩子才会尊重父母。

比如，孩子在欺负别的孩子的时候，父母不应该着急训斥他，而是首先问问自己到底有没有呵斥的必要。如果并不能断定孩子是有意伤害他人的，就不要妄下结论。

当父母发现孩子犯错的时候，绝对不能站在自己的立场上对孩子大发雷霆，这样的话，可以称得上是道德暴力了。父母不能信任自己的孩子，把孩子做的每个行动都贴上不良的标签，这对孩子来

说是极其有害的。其实，不让孩子知道太多自己的不良冲动反而是好事。父母时常不分青红皂白训斥孩子，不止会让孩子失去勇气，还会丧失对父母的信任。

要想教育好子女，就要相信自己的判断，但是为了扮演好父母这一角色，光有技术和方法是远远不够的。如果你是尽全力让孩子更健康地成长的父母，那请你一定不要失去对孩子的希望。

从"保护型"父母转向"园丁型"父母

有两种类型的父母——保护型和园丁型。"园丁型"父母总是尽量少地参与孩子的事情，而是给孩子时间，独自等待；"保护型"父母时时刻刻寻找孩子做错的地方，并让其改正。

孩子人格的形成过程从 7 岁开始，并持续一生。如果说想在这一过程中给予孩子帮助，那么就要成为"园丁型"父母。因为"园丁型"父母在播种之后，一直到发芽、长叶、结果，时时刻刻注意浇水、照料并给予时间，独自等待。也就是尽可能少地干涉，尽可能多地等待。虽然孩子在进入小学前，父母是孩子 100% 的保护者，但是随着孩子不断长大，父母则应该渐渐地成为"园丁"，把孩子看成是一个独立的个体，认真听他们讲话，并给予理解、肯定和支持。这样，才能让孩子懂得责任，并成熟起来。

让孩子不只最了解与自己相关的问题，而且也最清楚解决问题的方法。父母应该通过问答式对话，帮助孩子找到问题所在，并适当地指点解决问题的方法。这样做会比直接指出孩子的错误并强迫其按照自己的意愿解决问题更快捷、更有效。

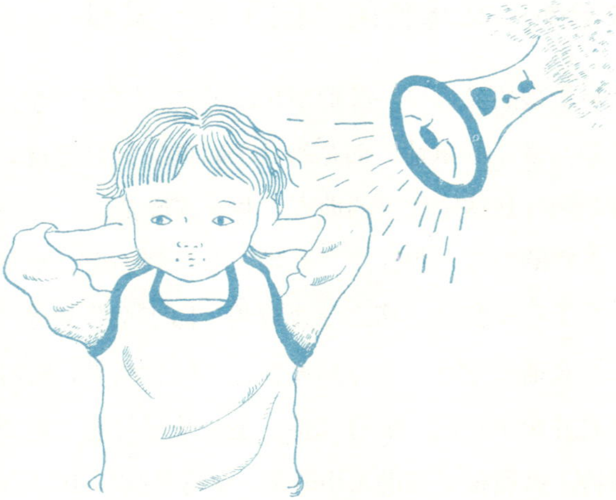
Dad

第 3 章

突然成了叛逆儿

心理及情绪成长

　　情绪是由多种要素综合作用而成的，包括身体感觉在内的生理性变化和由这种感觉而引发的主观性认知、意义性解释以及这种认知可能引发的高昂行动力。基本情绪是一种有动机的，并与使人付诸行动的外在表现及内在感觉相关联的复杂状态。

　　孩子一切的行为都存在着成长性或心理性的缘由。所以在盲目发火之前，家长很有必要先了解孩子为什么会出现诸如此类的行为。

　　情绪稳定的孩子，感情也不会有大波动，能信任自己。这样的孩子感情不压抑，还会根据情况的变化调整自己的情绪。和大部分父母所想的不同，其实有更多的孩子在抑郁症中挣扎。由于孩子的抑郁症可能导致各种有问题的行为举止，所以父母应该随时随地地给予孩子关注和关怀。

事例 10

孩子对大小事都
心怀不满

最近，世罗对妈妈说的话一概回答"我不，讨厌"。她不管大小事都顶嘴吵闹，还经常和弟弟吵架。有时甚至对弟弟说"我早晚要杀死你"这种令人毛骨悚然的话。

今天因为忙，我就拿出昨天她穿过的牛仔裤和毛衣，告诉她："穿上！"但是世罗不知为什么，突然哭闹着非要穿镶着蕾丝花边的连衣裙。我也没理她，硬按着她给她穿上，结果她闹起了脾气，嚷嚷着："讨厌，真讨厌，妈妈讨厌，我不要去上学了。"我暗念叨着："这孩子到底是怎么了？"心里却不停地冒出火来。

我到底该怎么办才好呢？

充分了解孩子的内心并给他拥抱

孩子慢慢长大、上学，逐渐到了能自己处理危险状况的年龄。虽然如此，但作为家长，不管是心理上，还是情绪上仍然承担着保护者的角色。放学回家的孩子又哭又闹，说自己不想上学了，可是第二天父母还是有义务劝导孩子并送他到学校去。但是人与人之间很不一样，表达的方式也是多种多样的。有的父母因为自己心情郁闷，着急上火就对孩子发脾气，也有的家长在强调上学重要性的同时，让孩子从理性的角度作出判断。聪明的对策就是认真听孩子的陈述，告诉他自己也有同感，然后具体了解他为什么不想上学，最后一定要给孩子一个拥抱。这是用父爱母爱接受孩子的一种表现。

在必要时为孩子提供帮助

有些事孩子自己不能按时或按规定做到，这就需要父母和孩子约定好，并帮助他们遵守。比如：过马路走人行道时，要遵守交通信号；为了避免感冒，要勤洗手；就算和朋友一起玩，天黑了也要回家等。双方约定的时候，为了让孩子理解，父母应该说明这些都是"为了自身安全"，这样才能保证父母即使没有时刻注意，孩子也能按照要求做到。

虽然父母可能认为孩子并不喜欢条条框框，但其实孩子更需要安全感和信任感。因此，父母有必要在某些事情上态度坚决。在家里制定可维护的秩序和体系，让孩子学习从小事做起，从自己做起。

下面我们用孩子的睡觉时间作为例子来说明。孩子应该在每天晚上固定的时间上床睡觉，否则第二天的生活就会被完全打乱。但是凭孩子自己的控制力是很难实现的，所以就需要父母为孩子规定睡觉的时间。每天相同的时间，和孩子一起躺在床上，给他唱一首摇篮曲或者读一段童话故事，让孩子感到从父母那里获得了爱和保护。在安全感的抚慰下，孩子自然会养成按时睡觉的好习惯。

帮助孩子自我管理

父母除了引导孩子实现有规律的生活外，也有必要让孩子了解父母在对他进行管理和监督上所尽的努力。随着帮助孩子自我管理，父母对孩子的管理和监督也可以慢慢减少。世界上能帮孩子培养自立能力的，除了父母，不会再有第三个人。就算和孩子相处时间较长的老师或朋友，也很难代替父母的角色。父母在给孩子布置"任务"的同时，应该告诉他们这样做的原因，当然最好还教会他们做事的方法。

明智的父母会尽全力把和孩子的直接冲突降到最少。为了使自己更具权威，父母需要和孩子建立一种积极的关系。因为在这种关系中，孩子的人格可以逐步地成熟起来。父母所表现出的"爱的约束"也将成为提醒孩子不断努力平衡这种关系的基础。人格的形成并不是短时期内可以实现的，而是一个"长期的研究计划"。

关注孩子的成长

上了小学的孩子，已经基本具备自己解决简单问题的能力。此外，在某种程度上，他们还具备责任感，懂得关爱他人，有为未来做准备的意识等。因为孩子在沐浴着父母关爱的环境下成长，即使没有父母时时刻刻的督促，也会从心理上受到潜移默化的影响。

但是，刚入学的孩子也可能在完全熟悉新环境以前，出现排斥或不安的情况。所以在入学初期，老师应该替代父母时刻注意那些心态不稳定的孩子。随着孩子对学校生活的熟悉，他们开始学习如何与朋友相处，并通过学校教育提高自己的学习能力。

家长应该循序渐进地为孩子提供各种帮助其独立的练习机会。这样，孩子在适应学校生活的同时，即使有不懂的地方，也可以游刃有余地解决。此时，即使孩子做出了一些并不适当的行为，家长也应该相信并尊重他，欣然地接受他的行为，努力以一种轻松的心态解决问题。不过，也有些父母不能理解孩子某些幼稚的行为是成长过程中必经的部分，所以很容易误认为孩子只要规规矩矩的就好。这样的父母经常强调孩子要听从指示，否则就教训孩子。

天生感性的孩子能更快适应学校生活

孩子的感性来自于从小与父母建立的亲密关系。优秀的艺术作品、秀美的自然风景或某个人的某次见义勇为都会使我们深深地感动。它是一种将高兴、感激、惊讶等多种情感交织在一起的、只可意会不可言传的情感。感性的人具有了解生活意义的能力，而这种能力正是形成性格或完美人格的重要因素。

天生感性的孩子相对于非感性的孩子能更愉快地适应校园生活。构成孩子的这种感性因子其实就是父母给予的爱和关心，也就是说，感性来自于对他人情感的理解。

和父母有深厚感情的孩子能在学校和社会生活中更好地发挥自身能力，更有可能成长为善于与他人沟通且具有奉献精神的人。因为自信的父母会把正直、诚实及无私等品质传递给孩子。另外，由于强烈的自尊心和自信，父母还会通过实际行动告诉孩子这些品质的重要价值，并让孩子了解人与人之间的爱与被爱是多么幸福的事情。**父母能给孩子的最好礼物，就是让他了解自己的存在就是一种幸福。**有自信的父母不会被生活的试炼轻易吓倒，即使孩子处于困境，这些父母也会相信孩子能自己判断并解决困难，不会轻易插手干涉。除此之外，还有看不见的非物质价值和人际关系。为了帮助孩子更清楚地判断，家长还需更多且持续不断地努力。

让孩子了解真实的自己

不论孩子在多优越的环境下长大，也不可能每时每刻都感受到爱和喜悦。失去与挫折、失望与苦痛也同样存在。生活对任何人都是公平的。不管父母怎么用心，也不可能将孩子完美地保护在羽翼之下。所以，父母最重要的并不是费尽心思让自己更完美，而是让孩子了解现实中真实的自己。养育孩子的过程中，谁没经历过不知所措或思维混乱呢？父母也是普通人，所以出现这样的问题是可以理解的。如果父母时时刻刻在孩子面前都表现完美，那么偶尔犯了一次错误，对于他们来说，简直就是不可原谅的。但父母也会犯错误，所以让孩子看到自己为了改正错误而做的努力，其实更具教育意义。

爱有助于培养情感思维

假如白天孩子帮妈妈打扫了房间，晚上全家人坐在一起的时候，妈妈可以这样说："大家知道今天我们世罗做了什么了不起的事情么？"这时，爸爸可以一脸惊讶地接话问道："我们世罗做了什么了不起的事情呢？"妈妈继续说："世罗今天帮我打扫了一天房间！"

又比如，早上孩子自己穿好衣服，整理书包去上学，妈妈不妨试着说："等爸爸回来，我们和爸爸演示一下你一个人也能穿好衣服怎么样？"这样说，可以让孩子得到更进一层的认可。虽然说成长中的孩子挨骂的时候会比被称赞的时候多，但是相对于十次责备，哪怕只有一次称赞，也会让孩子有得到认可的感觉。

再贵的衣服和游戏机也不能代替父母的爱

世界上父母最心爱最珍贵的就是孩子。父母无一例外地想倾其所有来关爱他们，但是再贵的衣服和游戏机也不能代替父母的爱。因为用钱买来的东西很快就会变得乏味而无聊，而且还会让孩子的欲望膨胀，想要得到更新更好的东西。

父母的教育态度直接影响孩子的想象力和好奇心，以及对新事物的渴望程度，而父母的实际行动更是直接影响到孩子的未来。有句老话："看孩子就能知道父母是什么样的。"孩子的确会在无意识的情况下，模仿父母的言行举止。

其实孩子们各有各的特点，并希望能表现自己。父母想帮助孩子更好地表现自己，就需要不断地关心他们。这时父母不需要太多地干涉孩子，只要在一旁守护并鼓励孩子以自由的方式表达自己的感觉和感受就可以了。比如，孩子把扫把当马，或者用窗帘做了魔术头巾，这时父母要做的就是和他们一起开心地玩。因为这些正体现了孩子的想象力，所以没有必要每件事都挑孩子的错或者告诉他应该怎样做。一开始就告诉孩子该做什么，实际上就是画了一个圈圈，框住了孩子无限的想象力。

孩子每天都要听父母重复几次相同的话，那么这些话在孩子成长的二十几年里，必然对其人格的形成产生巨大的影响。总有些父母非在话尾加上一句："反正你按我们说的做就好。"这些父母经常以命令的口气说："快过来吃饭！""赶快给我整理好！"或者直接嚷道："你要是不按我说的做，看我怎么收拾你。"在这样的环境下，子女只能时刻看着父母的脸色，按父母的意愿行事。久而久之，父母哪怕只是随便一说，孩子也会当真，慢慢地他们不再敢按自己的意愿行事，对新事物也失去了好奇心和热情。另外，父母的这种语气还会直接影响孩子说话时的语气。比如，姐姐可能以这种语气训斥妹妹："你把这儿给我收拾好，要不快点收拾的话，我就去告诉爸爸。"

该教育的时候要严厉

　　从根本上说，父母带有命令性的语言不会对孩子产生好的影响。但是偶尔也会出现必须使用命令性口气的时候。例如：不管怎么教育孩子都听不进去；孩子耍性子，对父母的问话不理不睬或撒娇耍赖。虽然多数时候，我们主张让孩子独立思考并判断，但此时则宜采取较强硬的措施，不过要注意不能将这种强压政策变成习惯。由于平常很少使用强硬的语气，偶尔使用反而对孩子有更明显的教育效果。比如，当孩子的行为可能伤害到他人的时候，父母就需要立即命令孩子"听话，不许乱动"。不过这种情况也需要在父母正确而客观的判断的前提下。注意要使用明确的语言让孩子听懂。只有这样才能让他乖乖地听话。这种命令式的口气虽然不适合经常使用，但有必要让孩子了解在其行为违背了家长的教育观、家庭生活规范、公共场所秩序的时候，他将会受到严厉的教育和惩罚。

事例 11

突然就成了叛逆儿

我总认为为了孩子的将来，决不能心软。于是我对我们家明秀格外严格。因为我觉得不管从身体上还是精神上，一旦处于弱势，就只能一辈子跟在别人的后面，所以孩子只要有坏毛病，我总是一早就揪着他改正。偶尔我自己也反思是不是对孩子太过分了，但是一想到要把孩子培养成才，就觉得这是不得已的。

不过最近我发现明秀越来越不听话，开始让人讨厌了。连班主任老师也跟我讲明秀在学校里欺负同学，甚至动手打女同学。我现在该怎么办才好啊?

哭闹并不能解决问题

孩子不听话的原因大部分是父母造成的。因为孩子很可能从小就体会到，要得到自己想要的东西就必须和父母"作对"。他们知道想被拥抱，就得大声哭闹；想让父母买糖果或玩具，就得打滚撒娇。随着成长，这些行为慢慢成了习惯，每当自己的愿望不能实现的时候，孩子就会表现出耍性子等消极的行为。这时，父母必须让孩子了解哭闹并不能解决问题，为此父母决不能在孩子反抗的过程中心软。不管孩子如何哭闹、撒娇，甚至满地打滚都不要满足其愿望。这样，孩子才能了解和父母"作对"其实并没有什么效果。

孩子们耍性子、发脾气，是因为他们知道这样做他人就会满足自己的愿望。但是如果对方并没有如他期待的那样，孩子就会厌恶对方，甚至大吵大闹。这样的孩子不仅不了解他人，其实也不了解自己。他们在厌恶别人的同时，也厌恶自己。如果父母因为觉得孩子的反抗没有什么大不了而放任不管的话，还可能造成其他问题的出现，可能造成孩子不想为其人生中发生的一切问题负责任。这时与其和孩子争论，不如试着从孩子的角度去理解他们。因为父母总是从自己的角度，觉得孩子还小，但孩子也会从他们自己的立场认为父母的想法并不正确。父母如果一味地强调自己的想法，只能让孩子产生更强烈的失望感。当彼此的想法没有交集的时候，不妨这样说："嗯，也许你是对的。大概是妈妈和你的想法太不一样了。看来现在妈妈越来越不了解你了。你要是真这么想的话，那我为之前与你的争论道歉。"听了这样的话，想必没有哪个孩子会继续争论下去了。

给孩子平等与尊重

上了小学的孩子会第一次发现自己和父母有距离感。随着每天和家庭成员以外的人接触，孩子们发现世界上还有很多和父母的主张和见解不同的。所以他们会开始怀疑一直以来都无比重要的榜样——父母的意义，而慢慢靠近朋友们的想法和行动。

这一时期，孩子们开始感受到在同龄人中的归属感，并确立自己的角色。为了更好地确立这一归属感，孩子们还可能"放弃"自我。他们会一起笑话上黑板做题出错的同学；还会欺负那些和自己所在集体格格不入的孩子，比如太胖、没穿名牌牛仔裤、没有游戏机，甚至明明是男孩却常常和女孩一起玩的孩子们。由于小学生已经具有了很强的自我意识，所以他们重视自己的权利，同时也希望自己的意见能获得同等的尊重。这就很可能造成在家庭讨论中出现分歧，但是如果父母能够利用好这些讨论，也可能将其制造成让孩子感受到自己被尊重的机会；另一方面，当孩子的观点很有说服力的时候，父母还可以借此对自己的想法进行反思。

小学生虽然还是孩子，却已经具有了很强的伦理道德意识，他们能清楚地分辨对与错。但是在小学时期，孩子的道德观念还很容易受同龄人的影响。所以这就要求父母能为孩子讲解说明，同时也需要父母给孩子规定明确的行动准则。

不过要注意的是，孩子对于"好习惯"或"规定"可能产生消极的想法。如果妈妈经常用语言训斥孩子，例如，"如果你总是做不好，那就只好等着受罚了。""我看你是太没规矩了。从现在开始，你要是再敢不听妈妈的话，就别想让我再给你买任何东西。"这样很可能让孩子感觉所谓的习惯和规定就是要受罚或挨训。所以很多孩子为了不被训斥，很可能选择逃避一切规定。这样下去，孩子只会越来越没有规矩，相应地，父母只能更严厉地管教，最后的结果不外乎让孩子失去应有的自信。所以想要培养孩子的好习惯，就应该尽量让孩子不厌烦，不产生抵抗心理。也就是说，让孩子更愉快地接受规定，更积极主动地遵守规范。在这一过程中，父母起着重要的作用。

懂道理才能遵守规定

如果仔细想想学校里需要遵守的规章制度，你会发现没有一条规矩是先问孩子后才制定出来的，甚至也没有谁向孩子解释一下为什么一定要遵守。但是如果不遵守的话，肯定会被拉出来惩治。为了监视孩子们是不是都遵守这些规章制度，学校里的教师都瞪大了双眼。在家里何尝不是这样呢？没有人跟孩子说明为什么、什么时候、怎么做，也几乎没有人问过孩子的感受。同样地，一旦发现孩子没有按照规定去做，马上就是一通训斥或惩罚。渐渐地，孩子们对这些制度产生了抵抗心理，甚至在不用遵守的时候暗暗窃喜。也有一些孩子在父母面前不得不表现得听话且遵守规定，但父母一不在，马上就想干什么就干什么。

要让孩子在遵守规章制度的同时感到愉快。既不能单方面地强求，也不能经常惩罚。要鼓励孩子，增强其自信，并帮助他们在遵守规章制度后，感觉到自己有了提高。不能因为觉得孩子还小，就不顾他的自尊心。相反，好习惯都是从小养成的。

如果发现孩子要打弟弟，为了他养成良好的习惯，看看下面两种做法，哪一个会更有效果呢？

指示孩子："别打！不能打弟弟！"

或者说："弟弟还小，什么都不懂，你要理解他。你想想有谁愿意挨打呢？你也知道挨打有多疼，是吧？妈妈希望你是个不打弟弟的好孩子。我们都是一家人，应该彼此友爱，对不对？就像妈妈爱你一样，你也要爱你的弟弟。"

你们觉得哪一种说法更具说服力呢？相信大家都会选择后者。

真心理解孩子，找到和他的共同点是帮其养成好习惯的最佳方法。如果像前一种说法那样教训孩子，很可能会导致孩子变得狡猾、不听话。他可能会在妈妈看着的情况下，装出爱护弟弟的样子；在妈妈看不见的时候欺负弟弟。所以，我们需要对孩子说明，让他更好地理解遵守规定的必要性。另外，切记不要伤害孩子的自尊或触及他的抵触心理。

父母如果经常带着怒气跟孩子说话，孩子也会在学校里和朋友们发脾气。同样的道理，父母经常打孩子以达到教育目的的话，孩子也会在学校里打同学。家长如果能耐心地为孩子讲道理，并不时地表示和孩子有同感，就能在帮孩子养成良好习惯的同时，让孩子更好地遵守学校的规章制度，愉快地度过童年。

为孩子树立榜样

家长应该开始教孩子懂得爱惜自己，并让他们懂得争吵是会伤害我们心灵的罪魁祸首。性情温和且懂得珍爱自己的父母是不会引发不必要的争吵的，而在纷争频起的家庭里长大的孩子就不懂得如何爱自己。在自重的父母身边长大的孩子，通过父母也能学会尊重自己。所以父母一定要为孩子树立好榜样。

学会安抚孩子的情绪

身为父母，时时刻刻都要为自己的言行负责。生气的时候，一边大声训斥着，一边说狠话的父母，如果以后还想恢复自己的形象，那最好先改变自己。因为一旦有过类似的情况，不管用什么方法都很难重塑形象了。"父母是孩子的言行老师。"这话一点儿不假，所以不要随随便便地在孩子面前发火。另外，如果明白"什么都不如人与人的情谊重要"，就应该努力减少家人之间的冲突和争吵，更不应该因为谁弄坏了玩具、谁又弄脏了衣服、谁把房间翻了天甚至谁不小心打碎了杯子等琐事，闹得家人不得安宁。人的幸福在于生活本身，而不是某一个物品。所以没有必要为了某样东西，给孩子的心灵带来不必要的伤害。

孩子要脾气的时候，要尽量把重点放在安抚其情感上。父母总带着"自己是对的"的想法，只站在自己的立场上，就很容易导致家庭的纷争。随着孩子的成长，父母也要学会尊重孩子的想法和主张，这时也可能经常出现双方意见不符的情况。家长不能因为孩子不赞同自己的想法或观点就发脾气，或者因为孩子好胜而发生争执时，父母也跟着瞪眼争吵起来。在孩子不能自控发火的时候，家长应该选择更有效的对策进行"回击"，不要说自己的心情如何、自己的感情受到了怎样的伤害等，而只从孩子的行为上来说明。

"原来你是在学校里挨了老师的骂，才回到家和弟弟吵架啊！"

"你是因为担心明天上学得见朋友吧，所以和妈妈发脾气？"

像这样能让孩子对自己的行为进行反思的方法称为"反射性技法"。反射性技法比起跟孩子瞪眼发火会收到更好的效果。

如果父母跟着孩子发火争吵的话，那就没有人能安抚孩子争强好胜的心了。所以不管什么时候，也不管何种情况，父母都应该以安抚孩子为己任。

夫妇争吵只会给孩子留下创伤

家人之间的争吵对谁都没有益处，特别是会给孩子留下创伤。没有人能让他人完全满意，所以不要站在自己的角度，用自己的价值观去评价或衡量别人，他人和自己不同也没有什么值得奇怪的。**要明白每个人都是一个珍贵的存在。**父母除了自己牢记这些，还要教孩子理解。我有我的生活方式，同样，别人也有别人的生活方式。父母现在对待孩子的方式也将成为孩子未来对待父母的方式。所以不要对孩子说"妈妈这么疼你爱你，你怎么能这么对待妈妈呢？"

别助长孩子的仇恨心理

不要以"他是我的孩子"这样的理由容忍孩子的反抗。相比起容忍，不如让孩子学会调整自己的情绪，并让其了解对自己的行为总是负有责任的。

由于大多的父母以相反的方式教育孩子，所以对抗父母的孩子越来越多。生活因是否带着对抗的心的存在而完全不同。其实，父母还要努力帮助孩子脱离那些暴力的环境。孩子们在充斥着暴力的电视和游戏中，看到被美化了的愤怒和那些愚蠢的争斗场面。父母要特别注意，不能让孩子把这些当做榜样记在心里。

没有人有权利去伤害别人。不能因为自己有强壮的身体就去欺负弱小，也不能因为自己是父母就随心所欲地打孩子。那些逃不出愤怒和仇恨的人永远也体会不到什么是幸福的生活，也不可能理解幸福的意义。那么就应该从孩子小时候就开始教他们如何控制自己的情绪，可以给他们一个拥抱来平复孩子的心情，也可以让孩子一个人留在房间里思考。

经常性地惹祸闹事

不知道是不是因为孩子从小就经常看到我和丈夫争吵，所以现在他总是表现得紧张不安。在学校里看到陌生人也总是躲着走；和别人说话的时候，也说不利索，还会脸红、冒汗、浑身发抖；朗读的时候更是结结巴巴，不能完整地读出来；谁要是问他点什么，他的眼睛总是到处躲避，不敢正视对方。除此之外，这孩子还不喜欢学习，整天就盼着快点放学，快点回家。可是回了家，也不好好做作业。

我丈夫脾气暴躁，经常为了这些问题训斥孩子。

像我们家这样的孩子该怎么教育才好呢？

经常挨训的孩子不可能喜欢学习

要想让孩子喜欢学习，就要让学习变得更轻松愉快。让孩子认为"学习就能被表扬"或"妈妈让我学习是因为爱我"。

有幸福童年的孩子，入学后也能更快地适应学校生活，而且会表现出充分的自信。有自信的孩子更喜欢学习。如果孩子觉得自己每件事都还做得不好就入学的话，很容易导致他的成长速度降低。父母要在孩子开始学习读书写字时，让他们感受自己是有价值的。为此，为孩子准备好学习的环境绝对是必需的。比如，我们不可能要求孩子一入学，就能认读所有的字。每个孩子的能力都是不同的，所以必然导致学习速度的差异。但是如果孩子入学时一个字也不认识，就很可能失去信心，开始厌恶自己，从而给学习造成障碍。

因此，父母应该为孩子制定具体可行的目标。不要为了让孩子学习就用语言吓唬他，或与其他孩子作比较，而最好是给孩子发现自我的机会。因为在这一过程中，孩子可以慢慢树立起自我观念。

有一些父母早早地就开始计划孩子该上哪所中学，想方设法地让孩子进入名校。当然，这并不能算是家长的错。但是要注意的是家长的态度。望子成龙的家长，常常会因为解决不了孩子的问题而过分训斥孩子。一到学习的时间，这些父母就开始大声嚷嚷着训斥孩子，使怒火完全和学习合为一体。结果，孩子只牢记着"学习就是痛苦"，当然不可能心甘情愿地认真学习了。

如果想让孩子保有积极向上的情感，不管在家还是在学校，父母都要给孩子营造轻松、愉快的环境。此时，父母和老师同时肩负着帮孩子找到安全感的重要角色。也就是说，让孩子在自由自在的环境里，明白家庭和学校也是有规定、有制度的。在规定和制度的制定过程中，如果能让孩子一起参与会有更好的效果。因为这可以让孩子更能接受规章制度的约束，并努力按照规定行动。

尊重孩子能让他情绪稳定

当孩子们感到父母能尊重自己并公正地对待自己时，他们的心情会表现得更平静。如果孩子在做某件事之前信心不足，那么爸爸妈妈请这样告诉孩子："来吧，你一定可以的，试试看，我会帮助你的。"这样可以帮孩子鼓起勇气，独立、自信地完成每件事。另外，还要注意关心孩子正在或马上要做的事情。

"妈妈，你帮我看看这个。"当孩子这样请求帮忙的时候，最好不要说："你怎么连这个都不会呢？"对自己所做的事情充满信心的孩子会更大胆、更勇敢。当然对自己充满信心的孩子才会不管何时都向父母展示自己的成果。

在日常生活中培养孩子的独立性

孩子在开始学习独立时，很可能会在学校生活中丧失自信。严格的规章制度、严肃的老师都可能造成孩子在行事时发怵。所以父母要多为孩子制造能发挥独立性的机会，并给他们勇气，帮助孩子树立在陌生的环境下也能保持独立。

在日常生活中，父母多多少少可以帮助孩子培养独立性。比如，买东西的时候，突然对商品有疑问，这时可以让孩子找售货员进行咨询；或者让孩子单独去邻居家还东西；也可以让孩子自己去亲戚家玩儿。通过这样的锻炼，可以减弱孩子对独自做事的恐惧感，同时还能让孩子感受完成任务时的喜悦。除此之外，孩子与朋友的关系，对老师的不满等问题都先交给孩子自己处理。告诉他们对于未来可能发生什么，谁也不能预料，所以任何人都可能对未知感到恐惧。让孩子了解即使在过程中出现错误，只要有所收获就是好的，而且父母会永远在身边支持鼓励他。

有时候坏结果对培养孩子的独立性也是有好处的。不一定非要一个正确的结果，让孩子找到更有创意的方式也会更有益。家长不要期待孩子有清晰明了的解释，而是要鼓励孩子寻找事情的多种可能性。这时也可能出现一些新的可能性却还不够完美，家长不妨不干涉而给孩子更广阔的天空。

不争强好胜是因为对其不感兴趣

孩子对某事没有好胜欲或提不起兴趣，这就说明他并不想做这件事，或者根本不知道该从哪儿开始做。家长发现孩子做事前犹豫不决或兴趣不高时，一定要重新审视那件事，以帮助孩子找到让他感兴趣的方法，或在事情结束后让孩子奖励自己。

几年前，在美国纽约州的罗切斯特市（Rochester），一个机构对 606 名小学生进行了一次调查研究。结果显示，那些和父母或老师亲近的孩子更喜欢学校生活。另外，根据其他几项研究结果显示，在一定要完成的事情里，能自己掌握支配权的孩子，比那些不管什么都由父母决定的孩子更主动。所以，比起让孩子一直停留原地，不如给他们勇气，用全新的方法挑战更高的难点。那些总是帮孩子处理大小事的家长不如多称赞一下孩子们交付的"任务结果"。

积极支持孩子的任何选择

选择就是机会。选择机会越多，就可能离成功越近。有些选择可能一辈子也遇不到，有些选择需要我们用很多年来等待。但也有些选择天天都在等我们，时时刻刻都在试炼我们。

孩子们各自有着不同的兴趣爱好，所以父母应该积极地支持孩子的各种选择，并不断地鼓励他们。不要用"我倒是看看你行不行！"这样的话打击孩子，因为他们觉得自己的未来有着无限的可能性。虽然当孩子们长大成人，会明白实际上什么都是有界限的，但在他们还不了解这个残酷现实之前，给予他们做梦并实现梦想的空间。

如果某个孩子因为看到奥运会上游泳选手的英姿，所以对妈妈说："我也要成为游泳选手，以后要去参加奥运会。"这时，父母一边用鼻子哼出声音，一边对孩子说："你就算从现在开始学游泳也肯定没戏。你以为参加奥运会那么容易啊，那些人都是有天赋的。"结果会怎么样呢？是不是会让孩子失去挑战的热情和信心呢？

父母间的亲密可以培养孩子良好的性格

为了让孩子具有良好的性格，父母应该创造温馨的家庭环境，因为没有什么比家庭环境对孩子的性格影响更巨大的。孩子教育的好坏主要由妈妈来决定，另外妈妈和爸爸之间的关系也会间接地对孩子的性格产生影响。所以为了更好地教育孩子，妈妈不止要成为好妈妈，而且也要成为一个好妻子。

即使是在幸福的婚姻生活中生儿育女，夫妻也可能在有了孩子之后，出现关系转淡的问题。但大部分父母并不知道这其实对孩子有着极大的影响。因为父母之间的不和，会在不知不觉间造成妈妈对子女态度的转变。换句话说，就是妈妈本应该给予爸爸的爱很可能转移到孩子的身上，或者妈妈可能用爱丈夫的方式去爱孩子。其实这是女人从丈夫身上得不到足够的爱而通过孩子表现出来的一种弥补方式。问题是这样的父母并不是正常的。他们是感情出现了偏离的父母，最后只能导致由于过度溺爱孩子而造成各种问题。

父母之间的亲密是培养孩子稳定的情绪和良好性格的重要因素。在家里，孩子最不愿意看到的应该就是父母争吵不和的样子。经常看到父母吵架的孩子会感到不安和危机感，并常常担心家庭的分裂。不管谁对谁错，对孩子来说，父母吵架就是家庭不和的开始。而且父母的对立还会将孩子推到不得不在爸爸和妈妈之间作出选择的艰难境地。

这样的环境只会给孩子的性格成长造成负面影响。如果让男孩站在妈妈的一边，女孩站在爸爸的一边，就可能造成孩子们从今以后没有了适合自己的学习榜样。相反，如果不让男孩和妈妈一起，也不让女孩和爸爸一起的话，又可能导致孩子们成人后对异性产生不信任感。

因此，父母应该维持和睦美满的夫妻关系。即使夫妻间真的有矛盾，也不应在孩子面前争吵，而应该多表现出对孩子的爱。这样才能为孩子创造一个健康、乐观、充满自信的理想型家庭环境。建立这样的环境是父母的责任和义务，所以家庭成员间应该努力做到相互理解和谦让。

事例 13

孩子好像得了抑郁症

　　小希的举动怎么看都不像个小孩。她大部分的时间都一个人躺在床上，或待在房间里。偶尔也嚷嚷无聊，但是如果有人想和她一起玩的话，她又会马上拒绝人家。每当妈妈想给她打打气、鼓鼓劲的时候，她总是会说："别管我，妈妈你根本不了解。"

　　这样的孩子该怎么办呢？

孩子感觉孤单

确信自己受到父母尊重和爱的孩子，会觉得自己的存在是有价值的。但是根据曾经接受过心理咨询的孩子所反馈回来的情况，大部分孩子即使在被父母关心爱护的环境下，仍然不能相信父母尊重自己，也不能肯定自己对父母而言足够珍贵。

在不自觉的情况下，父母很可能同时给孩子传达了爱和轻视这两种相反的感受。孩子们其实都知道父母为了自己甚至可以舍去生命，但与此同时，孩子也直接感受到了父母对自己的态度。通过父母的言谈举止，孩子就可以知道父母并不信任自己。比如，他们知道父母因为担心自己会让他们在别人面前陷入难堪的境地，所以无时无刻地监视着自己。父母虽然可以用单纯的爱来伪装自己对孩子的轻视，但在对孩子的态度上却往往会出卖他们的内心想法。

不要因为爱孩子，反而让孩子感到孤单无助。一旦让孩子觉得自己的存在是没有意义的，孩子的自闭心理就会由此而生。

敏感且自我认同感弱的孩子容易患抑郁症

一旦孩子出现以下症状，就应该注意他是否患了抑郁症。例如：突然对一直喜欢的游戏或事情失去兴趣；很容易疲劳；睡不好觉；吃不下饭等。

极度敏感、不爱表达自己且自我认同感弱的孩子很容易患抑郁症。孩子们经常是在失去某种东西的时候变得抑郁的，特别是突然地失去。这样可能会对孩子产生无法承受的打击，导致孩子不能正常地控制情绪；另一方面，如果是失去之前已经预料到的东西，在情感处理上会更容易一些。但如果失去的是孩子非常重要的东西，也就是说用其他无法替代的时候，也可能使抑郁症更加严重。

有过抑郁感受的孩子可能表现为不愿意参加各种活动，对平常一向感兴趣的游戏没有感觉。与之相反，他们都更倾向于一个人待着。像这样对任何事都提不起兴趣的情况其实是内心有严重压力的表现。

儿童抑郁症较明显的表现就是胆怯、压抑。这些孩子看上去都情绪低迷，甚至还会带有病态。

患有抑郁症的孩子在身体上也有一定的表现。多为头疼、胃疼、眩晕、失眠等，甚至无法进食。这些症状实际上就是抑郁症。抑郁的孩子看上去总是不满足，在生活中也感受不到快乐。

陷入抑郁症的孩子很多是因为遭到过拒绝或得不到关爱造成的。这样的孩子很可能沉浸在失望中，不管遇到何种状况都会感到恐惧。他们既害怕再次被拒绝，同时又期待与他人的沟通，但因为恐惧大于期待，他们还是会选择保护自己。

抑郁的孩子会觉得自己的存在并不重要。虽然每个孩子的表达方式有所不同，但共同点是他们都会把自己和其他孩子作比较，认为自己毫无价值，并否定自己和自己的人生。除此之外，这些孩子不会根据事实，常常都是根据自己的消极判断来下结论。但实际上，这些表现都会加重抑郁症的程度。

另外，抑郁症的孩子还会因为挫折的强度而不同程度地发火生气。当目标不能达成的时候，他们就否认自己的能力和价值，甚者还可能产生自虐倾向。其实这些在抑郁症中煎熬的孩子们也渴望别人的安慰和支持，但是当他人真的伸出双手的时候，他们又会断然拒绝。

有些孩子因为在人前出了洋相或表现了愚蠢的一面，就对自己完全失望。而这些被人笑话了的孩子从外表看不出需要安慰或支持，所以没人能发现他们的抑郁病症。还有很多孩子是因为在和他人相处的过程中遇到困难而陷入抑郁的。

孩子们心里最强烈的要求其实就是归属感，换句话说，就是不管在家里，还是在社会上，他们都希望自己能成为集体中的一员。不能保持积极向上的人际关系的孩子在感到危机的同时，就可能变得郁郁寡欢。

树立孩子的自我认同感

对于孩子的抑郁症，父母能采取的重要方法之一就是帮孩子重拾自我认同感。因为缺乏自我认同感正是抑郁症发生的原因所在。患有抑郁症的孩子不了解自己的价值，也感受不到父母的爱。因此，他们会对任何人给予的爱都持怀疑态度。

　　由于患有抑郁症的孩子不能按照正常的方式行事，所以他们很难抓住强化自我价值的机会。此时与其和孩子发生争执，不如鼓励他多参加正常性的社交活动。比如孩子之前曾热衷的活动，特别是孩子曾经获得过成功的活动，同时，父母还应该多注意孩子的兴趣所在。即使此时孩子表现得情绪低迷，家长也不要因此失望。请牢记随着时间的过去，孩子肯定会恢复往日的活力和热情的。

培养孩子的幽默感

　　如今是一个崇尚幽默的时代。如果你想独自不苟言笑，那不只会被时代甩得远远的，还有极高的概率成为没有朋友的"孤独分子"。这时，父母首先要懂得幽默。父母有必要多看一些有趣的娱乐节目。有些家长因为担心娱乐节目会给孩子带来不好的影响，就不让孩子看，但这样已经过时了。如果经常看那些搞笑的表情或效仿出来的可笑动作，没有谁不融入幽默的氛围的。另外，经常"耍乐"也能实现思维的转换。和孩子看小品的时候，一起模仿小品演员的动作，或活用流行语中的搞笑词句都有助于培养孩子的幽默感。在培养孩子幽默感的过程中，最重要的一点就是父母对孩子的幽默作出怎样的反应。根据父母反应的不同，孩子的幽默感也将有不同程度的成长。幽默感需要从小开始培养，所以当孩子提出问题或想搞怪的时候，父母应给予适当的反应。

　　要培养一个具有幽默感的孩子，方法之一就是对孩子的幽默做出夸张的反应。当然大笑和拍手是最基本的，与此同时，最好再加上"哇，简直太逗了。真是太有意思了。"只有这样孩子才能更有信心，从而成长为具有一定幽默感的孩子。

运动是一种积极的休息法

孩子如果突然变得散漫、集中力下降，或表现出精神疲劳的话，父母就应该及时让孩子休息。这样不仅能让孩子体会到父母对自己的关心，从而更加努力地学习，而且充分的休息还可以强化学习的效果。休息时，父母可以选择和孩子聊聊天，询问他们最近有什么新鲜事、什么科目有意思、什么科目无聊。因为在孩子不感兴趣的科目上最容易出现问题，所以家长需要格外地注意。一旦发现了问题，父母应该以平和的心态和孩子商量解决的方案，以帮助他们在今后的学习中避免出现同样的错误。

孩子如果整日学习而没能得到良好的休息，就会使压力叠加，最终导致学习成绩的下降，更伤害了身体的健康。也就是说，充分的休息要比只学习不休息更好，因为没有良好的休息就不能集中精力学习。对于小学低年级的孩子，可以采取"学习—休息法"：先让他充分放松，在轻松的氛围里，慢慢复习之前学习过的内容。这个时候，学过的内容会像放电影一样重新浮现在脑海里，通过不断地回想，使这些基本知识和大脑融为一体。这样的休息带有复习的效果，可以帮助孩子更轻松地吸收学过的内容。

当然也有因为太疲劳而导致什么也想不起来的时候，这样的时候最好不要进行"学习—休息法"，而是让孩子充分地休息或和他们一起做简单的运动。经常运动的比不经常或根本不运动的人，不论在大脑运转还是反应速度上都要快很多。而喜欢运动的人比起不喜欢运动的人，血管循环要强两倍。所以说，如果为大脑提供充足的空气和营养，思考将会更灵活，反应也更敏捷。

运动是一种积极的休息法。运动可以使运动中枢进入兴奋状态，同时控制思考中枢，从而使人身心获得充分的休息。对于整日埋头学习的孩子们来说，适当地运动是非常必要的。学习不下去的时候，家长可以陪孩子一起去慢跑或做一些其他的运动。运动不只可以消除紧张情绪、提高体能，而且有助于父母与子女之间深入地了解。时间的安排要有灵活性。孩子学习累了需要休息的时候，可以多选择和他们去运动。

孩子每天在学校学习，随时都承受着压力和紧迫感，这时父母的安慰和鼓励对平复孩子的心情有极大的帮助。父母应该学会在孩子休息的时候，用行动表现出自己爱孩子的心情。每天哪怕只多制造出一点点的幸福与快乐，也能让孩子克服困难，战胜学习的压力。

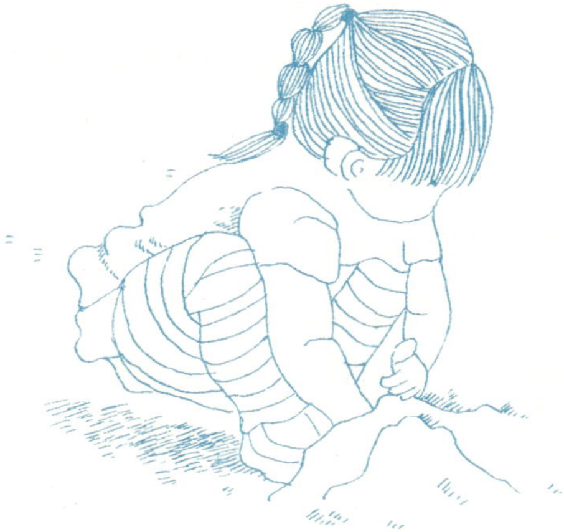

第4章

无法融入朋友圈

社会性成长

所谓社会性，是指个人具有与他人共同生活的意愿。人们常说："人是社会的动物。"也就是说，人类本性中有想要接近他人的社会性需求，也有想要维持与他人良好关系的意愿倾向。这种社会性需求和倾向会随着年龄的增长发生一定的变化。例如，随着人际关系的开展和深化，在与他人或团体的依存关系中，确立个人的自我个性及主张，并形成能够适应社会的行为方式和习惯。

精神分析学的创始人弗洛伊德称，儿童基本没有心理变化的潜伏期。但是从事人类发展和社会关系研究的美国精神分析学家埃里克森则认为，这一时期是孩子在社会性形成中最为重要的时期。这一时期会形成人的勤勉性和自卑感。在按照学校或家长的要求完成"任务"时，孩子会开始感觉到与同龄人的差距，或因为在周边的人群中找不到肯定而陷入自卑；另一方面，他们也开始体会到完成作业的成就感。这时如果鼓励孩子发挥更优秀的能力并给予称赞，就可以有效地帮助儿童增强自信心，让他们最终成长为对每件事都认真负责的人。因此，鼓励对孩子性格的形成有着巨大的影响力。除此之外，童年时期还是儿童形成明确的性别观念、正确区分男女，同时从性别方面更清楚地了解自己的时期。这一时期的儿童表现为喜欢与同性朋友玩耍，表面上看来对异性持不关心的态度。

这个时期，学校教给孩子们更多的生活常识——孩子必须具有一定的社会性，才能在学习社会秩序和规则的同时，学会判断对与错。

事例 14

孩子很难和朋友友好相处

小学生智慧的班主任说，智慧的性格过于消极，导致平常都不能和同学进行正常的交流，也没有很好的朋友。

另外，她说话的声音小，做事也总是小心翼翼的，属于自我存在感很弱的类型。智慧在入学前就因为缺乏社会性而无法和小朋友多交流——偶尔交到一个朋友，也不能长久维持。小智慧经常说："我没有朋友，我是没人理的小可怜。"但是智慧并不是因为被谁欺负了才出现这种身体上和心理上的自我保护意识。

这种拒绝与朋友来往的情况更让人担忧，我们该怎么办呢？

能和朋友友好相处的孩子才是真正的领导者

　　最近在孩子中流行的"至亲好友"，实际上就是有礼貌又懂得照顾别人还能体谅对方心情的朋友。和这样的孩子一起玩，会更开心更有意思。那个跟着孩子王到处乱跑的时代已经过去了。现在的时代要求孩子在自己擅长的领域帮助别人，同时，在自己不擅长的地方也能欣然接受别人的帮助或懂得请求别人的帮助，以达到目标。在某种意义上，可以说现在的孩子不仅需要比以前更多的交友技巧，而且学习起来也变得越来越难了——当然这也包括大家的个性越来越强而相互分享的机会却越来越少的原因。所以，现在的孩子们和朋友吵架、被捉弄、被人冷落以及在新环境里交新朋友，都成了成长中必经的"痛苦"。由于这些问题太普遍，甚至有人认为可以把这作为一个重要课题拿出来研究。大部分孩子在出现此类问题时，会通过"妈妈，同学打我"，"同学们总是欺负我，我不想上学了"，"我没有朋友，我不去学校"等语言形式表现出来。对于孩子的这种表现，家长们的反应各有特点。

有些家长选择直接到学校找到欺负自己孩子的学生，狠狠地教训一通。这类家长属于直接介入事端型；也有的家长给孩子的朋友买喜欢的东西，请求他们和自己的孩子做好朋友。这两类情况虽然可以通过父母的表现让孩子获得安全感，但对培养孩子的社会性没有多大的帮助。

"你怎么老是被人欺负啊？""你得先接近人家，才能交到朋友啊！""要是别的孩子打你，你就也打他们。"说这类话的父母并没有考虑到孩子的要求、感情和状态，单从自己的想法出发，单方面要求孩子。他们属于强压型父母。这种处理方式不仅不能解决孩子和朋友的关系，还会使孩子因为不适应父母的强压而更加畏缩。

更有些父母认为，"等长大了就好了"。这明显属于放任型。他们总认为孩子还小，对其在社会关系上受到的压力熟视无睹或不闻不问。孩子在这样的情况下，不止情绪上会受到打击，还会失去与他人建立亲密感和信任感、培养社会能力的机会。所以以上3种处理方式都会对培养孩子的社会性产生阻碍。

善于交友的孩子都懂得倾听

能和朋友保持亲密关系的孩子都懂得倾听的重要性。他们很轻易地就能了解对方要告诉自己什么，或对什么感兴趣。要想克服害羞，向朋友完整地表达自己的感情和想法，孩子就应该先学会如何与他人进行良好的对话。会沟通的孩子也知道如何表达自己的思想，能明确地回答"是"或者"不是"，并适当地表述自己的现状和提出自己的要求。这明显与单方面的固执己见不同。这是一种在避免给他人带来伤害或威胁的情况下，表达自己想法的能力。另外，这些孩子都懂得倾听他人的谈话。现实中大部分的误会或问题都是由于没有考虑到对方的立场，只从自己的角度出发造成的。所谓对话，就是发表自己意见的同时，还要听取他人的意见，在这个过程中找到共鸣并努力协调分歧、解决问题。**想让孩子克服害羞，和朋友友好相处，父母首先要了解如何正确地与他人对话。**父母可以通过和孩子进行对话练习，向孩子展示对话过程中可能出现的各种状况，让孩子体会交流的乐趣。

鼓励孩子独立应对挑战

当孩子对新事物产生挑战的欲望时，父母应该多给予鼓励，告诉孩子："你没问题的，自己试试看。"相反，如果经常对孩子说类似"这个太危险，你可不能做"，会使孩子在不知不觉中形成心理暗示，不敢再挑战新事物，甚至长大后也不敢独立承担工作。

总是对孩子说外面危险，事事都为孩子做好安排的父母，多数是由于对孩子太担心或期望过高，也有一些是由于自身的不安感。这样长大的孩子对什么事都有畏惧感——没有父母的允许，就什么也不敢做。其实谁都不希望孩子什么事都依靠父母，所以这就需要父母以更自由的方式教育孩子，并且在必要的时候鼓励他们："你一个人试试。""自己做。"**明白凡事都要靠自己的孩子学习也会更优秀，也就是说能自己解决问题的孩子会成长得更健康。**

对孩子少些担心，多些自信

孩子如果有烦恼，一般会表现出身体上出现不适。比如头疼、肚子疼、做噩梦、食欲不振等。所以当孩子无缘由地头疼或肚子疼时，父母就有责任了解孩子是不是有烦恼，并努力帮孩子摆脱烦恼。

自信能驱赶烦恼——所以烦恼多的孩子通常是由于不够自信。很明显，所有的家长都希望自己的孩子无忧无虑。那么，帮孩子远离过度的忧虑并保持自信就成了必需的功课。为了不让孩子把本来就很宝贵的时间浪费在没用的烦恼上，家长应该让孩子多了解什么是积极的语言和行动，并教会他们如何摆脱困扰。

让孩子尽可能轻松且从容地思考

想让孩子时刻提防危险那简直是不可能的。就像既不可能预知意外，也不可能避开消极一样。所以我们根本不能因为这些而整日烦恼，因为所谓的危险是即使担心也会出现的。人们一旦陷入对危险的恐惧，不仅预防没有效果，而且会越陷越深，甚至限制了我们的行为和活动。孩子也是一样。父母若时常警告孩子有危险，并让他带有事事都危险的想法，就可能直接造成孩子行动能力的下降。孩子会因为担心危险而对每件事都畏首畏尾。所以父母不管对自己还是对孩子，都应该尽量保持一种轻松而从容的心态，从意识上改变对危险的紧张感，给自己和孩子充分的信任。当然，这一切都应在对危险性有一定了解并采取了保护措施的前提下进行。也就是说，并不是让你放弃保护，而是希望你不要过分担心。

通过与父母对话改变孩子的害羞心理

　　有些孩子在学校里有需要的东西也不好意思找同学借；也有些孩子自己想干什么，却羞于张口，不得不跟在其他人后面；有的孩子更是因为害羞不敢说出自己的要求，干脆直接行动，结果往往让人目瞪口呆。这些孩子的所作所为都让人觉得很失望，因为不能表达自己的意图或要求，而无奈地被别人牵着走或与他人产生了误会。这时孩子很可能从心理上受到了伤害，或失去自信，更可能造成他与同龄孩子的交往障碍。

常与父母对话的孩子能和朋友友好相处

　　每次孩子犯错的时候，家长总会不停地批评责备，甚至让人觉得他们能这样唠叨一整天，而孩子也好像不得不整天被批评。相反，如果孩子表现好的时候，父母也马上表扬鼓励的话，是不是也会让孩子觉得父母一整天都在赞扬鼓励呢？其实有时间盯着孩子的错误，不如多注意孩子什么事做得好，找到那些孩子擅长的事情并给予适当的称赞和鼓励，不仅可以帮助孩子减少不良行为，还可以让他们更好地认识自己。

　　另外，可以多鼓励孩子自己编小故事，或多制造让孩子说话的机会。开始的时候，父母可以给故事起个头，让孩子继续完成故事。特别是可以多讨论一些孩子身边发生的新事物。比如，可以问孩子："今天在学校里又有什么有趣的事情吗？"如果孩子说："我交新朋友啦，那个同学问我的名字，还问我喜欢什么！"同样地，如果孩子开始讲话，父母也要有应有答，让对话继续下去。

通过和父母的积极对话，孩子会了解父母对自己的爱，并在心里感受到自己拥有的这份爱。父母为了表达自己喜欢孩子，要时常抱抱孩子，和他们说说悄悄话并时不时地亲亲他们。不要以为孩子上学了、长大了，就不再需要拥抱或亲吻。让孩子健康成长的方法就是爱和尊重，而拥抱和亲吻在表达爱和尊重上，是任何高明的技术也不能企及的。随着每次说"我爱你"或每次拥抱，都能使孩子更深切地感受到自己存在的价值，并积极地看待人生。在学校里孩子也不再害羞，更积极地与朋友交往。

事例 15

超级固执又爱发脾气

多妍从小就很固执，一旦认准什么事，就谁的话都听不进去。

因为长得漂亮，又很可爱，所以她总是被大家宠爱着。也许就因为这样，多妍只考虑自己，从不考虑别人。上小学以后，她甚至开始抱怨老师和同学。如果老师或同学偶尔出现了什么失误，她总是死咬着不放；在家更是经常发脾气，一会儿高兴一会儿生气，情绪十分不稳定。

因为孩子的这个问题，我又着急又生气，班主任老师甚至建议我带孩子去看看精神科。难道我的孩子真的有什么问题吗？

妈妈首先要学会平息愤怒

愤怒是一种一旦爆发就很难平复且愈发激烈的感情。人愤怒时会完全忘掉原本想说的话，脑子里冒出什么就说出口。对方听到的不是说话人的本意，而只是伤害人的话，到最后后悔的还是自己。另外，一方的愤怒还可能引发另一方的愤怒，使交流不能正常进行。要防止火气瞬间上升并爆发，就要学会小心地控制自己的情绪。这时可以试试不说话，先离开现场。一旦发现让人生气的事情并感到自己要爆发的时候，不要马上发作，尝试沉默着离开，也许能获得更好的效果。

生气的时候调整呼吸或使用腹式呼吸法

其实家长发火的时候，孩子也会感到紧张，导致孩子呼吸短促且粗重。这时父母可以使用腹式呼吸法帮助双方平复情绪。试着从腹部下方慢慢地呼出空气，然后再很快地将空气吸回到腹部下方。像这样反复进行几次后，起伏不定的情绪会慢慢得以平复。

当情绪稍有平复后，可以客观地观察一下自己。放下愤怒的心情，"哟，我们家多妍生气啦？为什么生气啊？啊……在学校和同学吵架了吧？"像这样，在客观地掌握情况的同时，不生气不动怒，沉着冷静地考虑怎么做才能更好地解决问题，"我是怎么了？这次不能生气，一定要稳稳当当地找出原因。"只有这样，孩子在与朋友交往或学校生活中才能更积极向上。

坏情绪会以攻击性的姿态呈现

感情一旦在心里堆成了山，不管是好的还是坏的，都可能以某种方式像火山爆发一般喷射出来。在这种情况下，感情很可能表现为一种带有攻击性的态度。那么孩子就不可能成为控制感情的主体，相反只会沦为情绪的奴隶。另外，孩子一旦习惯了不先表达自己的情感就行动的行为方式，最终只会丧失表现能力和控制自己情感的能力。

大部分父母都有相同的问题，他们总是着急让孩子尽快"肯定"自己的做法。但这样做不仅无法培养孩子的理解力，还会失去体会孩子感受的机会。如果父母总是一味地要求孩子按照自己的方式思考，结果只能将孩子教育成顺应父母的人。

其实正确的判断力并不是父母通过言语给予的，而是孩子在亲身经历后自己体会到的，所以父母在了解孩子的情感后，最好保持"中立"的态度。

培养孩子的控制力和适应力

某心理学家在对1 500名天才儿童长达30年的追踪调查中发现，才智并不一定能帮他们获得成功。20%的被调查者在童年时拥有超人的智商，但成人后却与常人并无差异。在对被调查者中的成功人士的研究中发现，促成这些人成功的原因并不是智商，而是性格。这些人都具有很强的进取心、积极向上且有自主意识，当然他们也不缺少勇气和决策力。也就是说，意志和性格才是成就"英雄人物"的重要因素。很多孩子不仅懒惰，而且不依靠父母就什么也干不成，凡事都缺乏兴趣，没有毅力。如果是这种性格，那么即使再聪明，学习也不会很好。如果你真的希望让孩子获得成功与幸福，就先从培养孩子的性格开始吧。

不要对孩子抱有太高的期望

如果孩子不需要大人的吩咐，就能自己根据情况做事的话，谁看了能不惊讶呢？相反，要是看见那些大事小事都需要父母的孩子，又怎么能不担心他是不是能真正长大呢？

妈妈除了要给年幼的孩子洗澡、穿衣、喂饭，还有其他很多事要做，比如准备饭菜、打扫房间。如果再加上照管已经上了小学的孩子，可以想象妈妈们有多么忙，多么希望自己有分身术。所以，妈妈希望孩子能安安静静地一个人玩是可以理解的。有些父母从孩子小时候就教他们如何一个人解决问题。因为孩子们只要能"合作"，父母就能按照自己的计划，不出差错地完成工作。父母们相信利用正确的教育方法教育孩子，一定可以得到预期的效果。

现代人被时间追赶得马不停蹄，因此忙碌的父母总希望孩子学会自己解决问题。持这种态度的人强烈主张孩子需要独立，但深入来看，不难发现这些父母实际上多数只是在为自己着想。

我们都知道父母与子女的关系并不是职场中事事要求速度和效率的工作关系。如果父母不能以一颗慈爱的心关怀孩子，反而时刻要求孩子必须做什么的话，就不要妄想孩子会理解父母希望他们早日独立的心情。

给孩子成熟的时间

有的孩子在听说要上动物园时兴奋得跳起来，但在快到动物园的时候，偶尔也会嚷嚷着"太困了"要回家。可是真的到了该回家的时候，又撒娇耍赖不肯走。孩子们经常会毫无理由地和父母唱反调，甚至大发脾气。像这样每当接触以前没有经历过的事物时，孩子们就可能会失去自制力而变得反复无常。

但是了解一下就会知道，让这种情况变得错综复杂的不是别人，正是父母本人。因为父母并没有考虑到孩子会失去自制力。就因为是孩子，所以当然还不会调整自己的情绪，他们对理性还没有一个确切的认识。所以在孩子完全成熟以前，这样的过程反复数次也是不可避免的。其实，每个孩子都会在自己不同的时期，以不同的方式经历这一变化。

不要在孩子哭闹的时候满足他的愿望

孩子若是哭闹、耍赖，父母最好先等他们冷静下来。失去自制力的孩子是不能正常思考的。孩子们在这种状态下，甚至可能不清楚自己做了什么，就好像曾经做过的梦一样遥远而模糊。对于这样的孩子，即使问他们"你昨天是怎么和妈妈耍赖的？"也并没有多大意义。

父母要逐步锻炼和发展孩子的控制力和适应力，让孩子坦然地接受现实，并在与父母的亲密关系中，慢慢形成自己的人格。父母还要帮助孩子在现实世界里熟悉各种各样的处理事情的方式。简单地说，就是帮孩子从幼稚的性格中蜕变出来，在学习社会常识和规范的同时，成熟起来。而孩子那些不懂事的行为也会随着这一过程而逐渐消失。

不过，这里要注意的是，孩子的性格成长也可能在某一时间里停滞。这也是成长过程中的一部分，所以最好不要采取惩罚或训斥的方法。时刻牢记孩子完全可能出现这样的情况，才能使教育更有效。其实父母那些要求孩子马上改正坏毛病的想法，只能成为与孩子发生冲突的导火线。

为孩子打好坚实的社会基础

不要担心因为给孩子太多关心和爱会毁了孩子。相反，充分的爱会培养孩子坚强地面对世界。用爱包裹孩子的父母会让孩子更安定。

5 分钟之前还听话懂事的孩子突然撒起娇来。面对这样的情况，父母大多会因为不安和失望而备感辛苦。虽然这是孩子成长过程中的必然经历，但大多数家长事前并没有想到。所以了解了在孩子成长过程中必然会经历进步和退步的反复过程后，父母一定会以一颗宽厚的心，默默地守候着孩子的成长。

任何父母都希望自己的孩子能充满朝气、懂礼貌、有责任感。所以倘若有一天，孩子突然变得如父母期望的一样，父母会有一种"我的孩子真的长大了"的自豪感。但是如果这样的"小大人"突然发起了飙，父母又怎么能不惊慌失措呢？其实很多父母因为孩子刚刚还温顺听话，瞬间就撒娇、哭闹、不可理喻而烦恼，这是可以理解的。

别打碎孩子敏感的心

如果说有些孩子经常会失去自制力的话，那么也有的孩子只是偶尔失去自制力。同样地，有的孩子马上就能懂事听话，也有的需要经过一段时间才能恢复过来。虽然孩子失去自制力的理由可能是因为疲劳、饥饿或心情不好，但是比起这些，让孩子最受伤的肯定还是父母的忽视或自尊心受损。

有些父母生气的时候，不能很好地控制自己的感情，而导致随口说出一些伤孩子自尊的话，他们并没有意识到这种举动会伤害孩子敏感而脆弱的心。这样甚至还会导致那些在精神方面脆弱或有心理障碍的孩子频繁地失去自制能力。

父母总认为对孩子进行良好的教育，会让孩子具备更强的自制能力。所以一旦子女表现出自制力下降，父母马上会把他和别的孩子进行比较，并开始担心自己的孩子是否落后了，不安感当然会随之而来。另一方面，孩子失去自制力而表现出受挫的样子，也会让父母感到极度自责，因为他们认为孩子撒娇耍赖的原因肯定是因为愿望没能完全得到满足，而不能满足孩子愿望的直接原因就是自己的能力不足。

耐心等待，直到孩子能真正独立

和让孩子尽早自立相比，更重要的是能让孩子在父母的庇护下学到更多"必备的知识"。也就是说，相对于让孩子更快地具备自理能力，不如让孩子在父母的照顾下学习更多的事情。人类接受父母照料的时间比一般动物要长很多，所以与之相对应地，一个人要完全自立也需要经历一个较漫长的过程。

换句话说，这种"依存性"是孩子从父母那里学习知识、价值以及理想的依靠之一。就像孩子要在父母的教导下，学习怎么刷牙、过马路等生活常识一样，孩子还要学习如何化解与朋友的矛盾、如何在长辈面前更有礼貌等可能影响性格的重要内容。如果人类从出生开始，就要独自面对所有一切的话，我们甚至都无法想象进步的速度会有多么缓慢，成长又将需要多少时间。因此，用心倾听那些爱哭闹的孩子讲话，也许很多问题都会迎刃而解。

当然，父母也可能会觉得对于不讲道理、一味耍赖的孩子，自己再怎么努力也无济于事。这时就需要父母明确两个目标。一是让孩子认识现实，并借此让他们明白自己的错误并改正，这对孩子性

格的发展有着一定的辅导作用；另一个是让孩子明确地表达自己的
想法和心情，这是一种对付消极情绪的好方法。请注意，**不要让孩
子用"行动"，而是用"语言"来表达自己的感情。这种方法可以
有效地帮助孩子更客观地审视自己的想法。**

事例 16

想和孩子做朋友，却工作过于繁忙

由于我们夫妻是双职工，所以两个人回家都比较晚，加上疲劳，根本没法认真地帮秀灿检查作业。有时说好了周末带孩子一起去玩，结果不是因为太累了要睡觉，就是忙那些没做完的家务，经常让孩子失望。

可能因为我们没有时间关心孩子，所以他对学校的生活也没有兴趣，在学校还经常被同学欺负。以前孩子说作业都做完了，我们相信他，但是后来发现他经常都是没做作业就去上学了。现在孩子不只说瞎话，而且只知道玩，我们不得不经常训斥他，甚至不敢相信他。结果孩子现在很怕我们，在我们面前总是畏畏缩缩的，让我觉得更讨厌了。

我们想成为孩子的朋友，可是真不容易啊！该怎么管教孩子才好呢？

孩子能马上发现父母言行不一

　　要想跟孩子做朋友，最好的方法之一就是为孩子树立一个好榜样。由于孩子具有很强的观察力，所以父母言行不一的时候，孩子会很快发现。如果他们经常看到父母言行不一，就也会效仿父母。比如，爸爸对孩子说："从现在开始，我们饭前一定要洗手。来，拉个勾。"但是实际上，爸爸自己饭前并不洗手，还一再要求孩子饭前洗手，这就很可能让孩子从心里对爸爸感到失望。所以在和孩子约定以前，一定要认真想好自己是否可以做到。如果是不能实现的约定，最好不要说。因为父母的言行对子女有着巨大的影响，所以不能遵守约定的父母，也不能为孩子树立守信的良好形象。即使是父母，也有必要严格遵守和孩子的一切约定。父母大事小事都能遵守约定，会使孩子日后成长为一个有道德的人。在父母凡事都只说不做的环境下长大的孩子，有可能成为缺乏道德观念、消极自卑的人。为了使孩子具有完整的人格，父母必须严格遵守约定。如果有不得不违约的情况，一定要向孩子认真说明原因，以得到孩子的充分理解。

给孩子更多的期待和信任

答应了孩子做完作业就可以出去玩，但是后来发现，孩子的作业并没有全部完成。这时很多妈妈都会说："我早就料到了，你说你让我怎么再相信你？"面对这样的话语，孩子除了感到挫败，不会有其他了。"妈妈因为相信你一定会按照约定去做，才答应你的，但是你现在让我很伤心。"这样说反而会更为有效。即使孩子因为不能说到做到而让父母失望，也不要让孩子觉得父母因此而讨厌自己。同时父母还应该让孩子感觉到来自父母的期待与信任。与其指出孩子的过失并责备他，不如坦诚地说出因为这件事，妈妈产生了什么样的感觉。因为妈妈的真实感受可以让孩子自我反省，并努力遵守和信任自己与妈妈之间的约定。通过这样的过程，孩子会感到父母和朋友一样容易相处，也更能积极地努力遵守每一个约定。

称赞孩子的正确行为

惹了祸的孩子并不能因为说了实话，就免去应负的责任。但是即使如此，家长也应该称赞孩子讲真话的行为，这样孩子才能保持诚实的品格。如果孩子因为说出了事实，反而需要付出更大的代价，那么一定要让孩子了解他所承受的惩罚并不是因为讲了实话，而是因为违反了家里的规定。

比如，孩子弄丢了自行车，但是他主动承认了错误，那么你应该说："我知道你能诚实地说出来很不容易，妈妈感谢你能实话实说。如果现在我们再买一辆新自行车，你觉得你以后会怎么保护它呢？和妈妈说说吧。"

如果此时扔出一些逼迫孩子的问题，反而会让孩子觉得父母不体谅人，并可能导致孩子不再想实话实说。相信你一定不希望自己的孩子说谎，那么就先请你收起那些训斥的话吧。

多制造与孩子共处的机会

孩子们都认为和父母一起度过的时刻总是无比珍贵的，所以最好每天都抽出一段时间和孩子在一起。不管是每天晚饭后和孩子一起散步15分钟，还是用10分钟坐下来听孩子讲当天的趣闻，都是很好的选择。爸爸可以在每天晚饭后陪孩子到运动场打30分钟的羽毛球，妈妈可以和孩子一起来一段钢琴二重奏。这样孩子会觉得自己对父母来说是无比重要的。

在共处的时间里，父母和孩子一起唱歌，可以培养孩子对音乐的理解力。晚饭后一家人在客厅里，弹着吉他或钢琴，高歌一曲的情景，想必不管谁看了都会觉得浪漫而纯真。这也正是属于整个家庭的亲密无间的时刻。这里我们并不是说每个家长都要学会弹吉他或钢琴，其实即使在音乐方面没有天赋，只要多一些热情，很多事也并不是不能实现。

让孩子接触新事物

画画能帮助孩子以新视角观察周围的世界，接触新鲜事物，画画可以提高孩子的观察力和鉴赏力，唤醒孩子的头脑和心灵，有助于其社会性和情绪方面的成长。让孩子用画画的方式表达自己的想法，是帮助孩子了解如何更完整地表现自己的重要方法。在发现自己创造能力的同时，孩子还会发现自己有着丰富的想象力和自由的选择权。孩子通过混合色彩、组合材料做出新事物，并学习如何用多样的视角来观察，同时还能提高他的表现力。

对孩子来说，要表达自己内心深处的想法可能并不容易，但是如果教会孩子利用颜料绘制图画，或揉捏黏土做出新造型，在不知不觉中就能帮助他们达到把情绪宣泄出来的效果。如果孩子学会了表达自己的情感，会使他们情感更加丰富，有助于培养他们和朋友、老师以及父母之间的互动及交流沟通的能力，最终成长为一个懂得独立思考、善于表达自己的人。

如果没有我，
孩子就什么都做不好

　　我总希望女儿秀珍什么都能得第一，给她吃的东西都是最好的。

　　她上幼儿园的时候，我经常单独找老师，除了让老师安排家庭背景好、性格随和的孩子和秀珍玩之外，还让老师安排秀珍坐最好的位置。不仅如此，我们还用高级汽车接送她上下学，给她穿名牌衣服。秀珍上了小学以后，我又马上找到了老师，希望他多安排秀珍参加各种比赛，甚至请求他帮助孩子多拿奖。但是现在我发现，如果没有我在一旁帮忙，秀珍就什么都做不好，而且她都不知道自己喜欢什么，就知道一味地让我帮忙。

　　我该怎么办才好呢？

多让孩子自己思考

有的孩子在学校不管学了什么，都要试着练习一下。但是也有的孩子只是老师教什么就学什么，一点也不想练习。这两类孩子的好奇心和解决问题的能力会有所不同。如果想让孩子具有思考的能力，最好培养他们多提问的习惯。

因此，父母首先需要努力使自己转变为会提问的父母、能挖掘孩子潜力的父母，或者让孩子每学到新内容就能结合实际进行练习。

提问时要注意尽量不要问一些只能让孩子用简短句式回答的问题，类似于"今天都干什么了？""在学校认真学习了吗？""没和朋友吵架吧？玩得好吗？""现在该干什么了？""作业都做完了吗？"等问题。这样很容易和孩子失去进一步交流的机会。

提出能启发孩子思考的问题

想让孩子更会提问，就要让问题生活化。培养孩子的思考能力、逻辑思维能力及创造力的第一步就是要让孩子多问"为什么会这样？""为什么会得到这样的结果？"

"妈妈，为什么好人总是赢，而坏人总会倒霉呢？"当你的孩子这样提问的时候，你可以试试反问："那你希望谁赢呢？""你觉得是为什么呢？""如果是你，你会怎么做呢？""如果你有那样的力量，你会怎么做？"等能让孩子继续思考的问题。所以可以看出，那些一下子就能确定答案的问题，或不需要太多思考就能找到答案的问题并没有什么意义，也不能启发孩子思考。

告诉孩子答案不止一个

最好不要指定一个答案，而是让孩子们坐在一起进行脑力风暴，尽可能多地说出各种答案。如果说每个问题都只有一种解答，那么我们也就不需要更深入地思考，同时也失去了不断挑战的价值。要让孩子学会从各个角度思考并分析某一问题或事件的话，就不要期盼孩子一定会说出那个家长希望的答案。

"如果从其他角度思考呢？""还有别的答案吗？"像这样不断地提问，可以帮助孩子发掘潜力。这时，即使孩子说出了一些不太适合的答案，父母也尽量不要去判断答案的对错，而是要鼓励孩子继续思考，这样才能让他们发现自己的潜力。

让孩子结合现实的同时不断学习

让人类的短期记忆转变为长期记忆的两个重要因素分别是反复练习和情绪性实践。

短期记忆是指在很短时间内记住，但也会很快遗忘的记忆。而那些充分感受过并实践过的记忆可以转变为长期记忆，长期记忆即使经过了很长的时间，也不会被轻易遗忘。对孩子们来说，最好的实践就是亲身经历。简单地了解以前不知道的事情并不重要，重要的是，哪怕只知道一点点，也懂得如何应用到实际生活中去。

给孩子画了框、规定了边界；认为自己的想法才是真理；不喜欢提问孩子，只一味灌输知识；还没等孩子说出答案，就着急告诉孩子该怎么做……这样的父母如果不先进行反思和改变，是很难真正唤醒孩子的潜在思考力的。因为要培养孩子独立思考的能力，重要的就是父母要让孩子在日常生活中学习。

帮孩子学习如何表达自己

在针对小学生的咨询中，曾有一次关于谦让的讨论。家长称，孩子在学校里很难做到谦让，理由是他觉得谦让会让人感觉委屈。这说明在孩子心里已经形成了"谦让的人就要吃亏"的观念。

到底是什么让孩子有了这种想法呢？为什么会认为互相谦让、互相照顾是对自己利益的损害呢？这是因为孩子没能完整而准确地将自己的要求表达出来而造成的。

当朋友找自己借东西的时候，有些孩子并不能告诉对方自己也需要这个物品；又或者在做游戏的时候，自己想好了要玩什么，但却因为没有说出来而只好跟着别人玩；也有些孩子因为不能说出自己的要求，就在提出要求前先行动，这样的举动有时会让别人莫名其妙。所以，其实并不是因为客观出现的问题让孩子感到委屈，只是因为他们不懂得表达自己而已。由于不能准确地表达自己的要求或意图，孩子容易被他人牵着走或与他人产生误解。在这样的情况下，孩子很可能会受到伤害或自尊心受损，还可能会损坏与同龄朋友之间的关系。

训练孩子集中精力倾听

要让孩子集中精力地进行听力练习。由此教给他们如何听懂对方想告诉自己什么以及想聊些什么。

"你觉得妈妈怎样听你说话，你最高兴？""刚才妈妈拉着你的手，一边听你说话，一边点头表示同意，你觉得这样好不好？"通过暗示性的提问，引导孩子在平常与他人对话时多观察对方是否认真在听。告诉孩子因为自己想说就随便打断别人的谈话，或者用与对方谈话完全不相关的方式进行解释等，都会造成被无视或被误解的感觉。

教孩子如何确切地表达自己的愿望

为了让他人更准确地了解自己的要求或自己的状态而表达自己，这与只顾表达而忽视他人的感受不同。也就是说，要在避免给他人带来伤害或威胁的前提下，更确切地表达自己的想法。比如，"我不爱吃这个"比"妈妈，我想吃那个"更能准确、直接地表达出自己的愿望。

为此，父母应该多对孩子说自己的感受，并一起思考如何能更有效地表达自己。在这个过程中，孩子能更切实地了解到自己的行为对他人产生的影响，同时也会了解到用语言准确地表达自己愿望的必要性。

用语言引导孩子的那些无意识行动

"为什么这么使劲关门，吓我一跳，出了什么事？看起来你不太高兴呢。来，和妈妈说说，说不定我能帮你。"

"你刚才为什么突然抢了弟弟的玩具，你没看到他吓坏了？如果你先说一声，弟弟就不会被吓到。"

如果经常这样提醒孩子，他们就会慢慢习惯从别人的角度来思考问题。

大部分的矛盾或问题都是因为父母只强调了自己的想法，而没能从孩子的角度来思考造成的。有效的沟通是双方交换意见的过程，也是求同存异的过程。能够顺畅表达自己的孩子都知道如何与对方协商。由于清楚地了解讨论会带来怎样的结果，所以可以通过减少彼此之间的摩擦来进行让双方都满意的交流。

能够独立完整地表达自己的孩子在成长过程中是快乐的，当然，与此同时他们也能让周围的人感到快乐。因此，通过帮助孩子掌握表达自己的方法可以让孩子更健康茁壮地成长。

培养孩子主动挑战

懂得不断挑战的孩子，更清楚从什么地方着手能达成最终目标。父母应该多关心能引起孩子好奇心的事物，给他们时间并鼓励他们，让他们以自己的方式实现目标。因为要形成目标意识必须有人给予鼓励，并对其所选事物的价值给予肯定。

"对这次的演讲你有什么目标？"

"那为了你的目标，你觉得从现在开始该做些什么准备呢？"

"妈妈能帮你做点什么吗？"

"妈妈看到你这么努力地准备，真的很欣慰。"

哪怕只是类似这样的言语，也可以让孩子找到奋发的动力，并不断为自己设定新目标。

父母给孩子的时间和对他们的信任，以及共同进退的姿态，都会让孩子在即使没有物质奖励的情况下，也能坚持不懈以获得最终的成功。为了今后的成功，小学是培养孩子良好习惯的重要阶段，同时也是帮助孩子勇于挑战目标，并以最快的速度获得成功的准备阶段。

成功也是一种习惯。那些挑战了自己制定的目标，并品尝到成功喜悦的孩子能比其他孩子更自信地挑战下一个目标。所以，父母应该在孩子获得成功的时刻祝贺他们，让他们充分享受到成就感。通过这种成就感，孩子能获得更多的自信。除此之外，还可以用孩子喜欢的小惊喜或小礼物进行强化。孩子只有充分体会到什么是成功之后，才会欣然接受下一次挑战。

事例 18

孩子的行为太没教养

雨成经常和妈妈唱反调，甚至顶嘴。为了让他改掉坏毛病，骂也骂过，打也打过，什么方法都用了，但就是不见效果。

如果跟他说："早上起床以后不要开电脑，放学以后别买零食，早点回家。"他就随口给你来一句："我就不！"再多说，顶嘴就是家常便饭了。

作为母亲，我甚至都开始觉得自己让孩子改掉坏毛病是过分的要求。对于这样的孩子，到底该怎么办才好呢？

孩子虽然和父母顶嘴，但仍希望被关怀

孩子在很不讲道理的同时，仍然希望父母能理解自己的真实感受并一如既往地疼爱自己。孩子难免会和家长唱反调，甚至和父母顶嘴，但是他们的内心深处还是期待父母能包容自己的。另一方面，作为父母，与其给孩子下命令，不如多尝试着循序渐进地给孩子讲道理。

当孩子的行动表现得没有教养时，不要训斥孩子，相反，要以让孩子真正理解自己的错误行为为目的来给他讲道理。只有这样，孩子才能在接受父母忠告的同时，渐渐地成长起来。但是也应该注意，由于孩子并不能很快地理解并遵守规则，所以最好能带着感情一点一点地耐心讲解。

帮助孩子学会克制自己

孩子对任何事的想法都非常单纯，所以对某些规则或标准不会有过多的思考，只是简单地接受。孩子就像海绵一样，对于父母的言行举止会全盘吸收进去。如果父母生气的时候，劈头盖脸地教训孩子，那么孩子生气的时候，就也会以同样的方式表现。但实际上，在孩子的心里也会纠结是否该将这种感觉用行动表现出来。陷入这种矛盾的孩子很可能被内疚感包围，所以家长要注意抚慰孩子，以帮助他们恢复平静。

"爸爸、妈妈知道你现在心里讨厌我们，但是你也知道我们从来都是爱你的。"安慰孩子，并让他安心是非常必要的。因为这样可以让孩子开始后悔自己之前的行为。

这个时候，父母可以教给孩子道歉的方法，告诉他们："如果不小心伤了别人的心，应该向对方说'对不起'。这样才能让对方接受你的道歉。"

因为那些和父母作对、顶嘴的孩子认定父母也一样讨厌自己，所以他们很容易感到沮丧。但是如果父母学会了真心实意地道歉："对不起，是我错了。"孩子也会养成随时反省自己的好习惯。

有些没有按父母要求去做的孩子，事后会说："其实，我当时忘了妈妈说的话了。"这时就表示孩子已经产生了懊悔之心。所以此时，父母没必要再对孩子不依不饶。因为如果继续斥责孩子，只会让他们产生自我保护的心理，从而失去让孩子学习反省的机会。由此可见，与其让孩子表示懊悔，不如告诉他们："我知道你这样做以后心里也不好过。"给孩子理解和关爱其实比训斥更有效果。

因为理解和关心能减少孩子的内疚感，只有让孩子受罚才能让他们反省的想法显然是错误的，同时也会失去让孩子真心反省、改正错误的机会。

让孩子"跑腿儿"

让孩子在了解自己对他人是有帮助的同时，还能够体会到自己的价值。所以即使是微不足道的小差遣，也应该让孩子知道他有大作用，并让他感受到自己是家里重要的一分子。7 岁大的孩子已经可以在洗衣服的时候，将深浅色的衣服分开洗，可以将零散的袜子配成对儿，也可以把房间里的脏衣服放到指定的地方。当然，他们还可以取回门口的报纸，或者将废报纸扔掉，也可以用小块的抹布帮妈妈打扫房间。同时，还应该开始学习帮忙准备简单的饭菜、摆好桌子及碗筷甚至可以照看更年幼的弟弟妹妹。

孩子们能很快地区分什么是"可做可不做"的差遣，什么是"意义重大"必须要完成的"任务"。比如妈妈这样对孩子说："我今天有事，没有时间去买牛奶了，你放学回家的时候买回来吧。"孩子听后，马上就能区别这是必须要做的，还是不做也行的。因为从妈妈的话里，很清楚地了解到这是有关晚上和明早要喝的牛奶问题。而例如叠被子、收拾衣橱等就明显没有什么"重大意义"了。

如果看到自己的某个行动能让别人的生活更舒适的话，相信不管是谁都会觉得心情愉快的，孩子也不例外。因此，如果孩子认真地帮了忙，妈妈就一定要对孩子表示感谢。不要简单地说："你可真帮了大忙了。"最好能具体说出感谢的内容。如："因为你帮着洗碗，所以我这么快就都收拾好了。这回咱们有更多的时间一起读书了。"

让孩子了解：所谓的家庭，就是指大家努力互相帮助的地方。最好多提醒孩子，他帮忙做的一切对家里的每个人都是极大的帮助。

能帮妈妈做家务的孩子责任感也更强

可以试着让上了小学的孩子承担固定的家务活。就算孩子觉得有一定难度，也鼓励他努力做到让自己满意为止，这样可以让孩子学会如何处理困难的问题。另外还能使孩子感到自己作为家庭的一员，对家人有一定的"贡献"。

除此之外，还可以和孩子一起做家务。在洗碗、拖地或清扫等家务劳动的同时，向孩子说明这些都是在长大成人后必须要承担的家庭劳动。注意此时不宜和孩子说家务活有意思之类的话。相比之下，告诉孩子作为家庭的一员，这是他必须要承担的一种责任和义务会更好。还有，和孩子的家务成果相比，家长应该多注意孩子在帮助家人时付出的努力。比如，说一句"看出来你用心整理仓库了，简直帮了爸爸的大忙"就会有很好的效果。事实上，虽然父母有时还需要再整理或稍做收尾，但是即使如此，也要让孩子了解做家务是家庭生活中应尽的责任。

命令会导致反抗

有些父母在孩子面前简直就像独裁者。只要嘴巴张开，就像在下达命令。所以就造成孩子不得不说："妈妈总是在命令我，所以我就经常故意和她对着干。"这样看来，谁都知道要想更亲近孩子，就必须改变方法。

对于一定要强硬的时候可以采取强硬的态度，而对于那些不太重要的事情，就应该允许孩子们自由选择。给孩子选择权的目的是为了让孩子对自己充满信心，并了解自己选择什么才更有意义。只有这样，孩子才会更积极地响应父母的要求。

父母有义务适当限制孩子的行动，并让孩子在家庭的良好秩序下，健康而安全地成长。良好的家庭秩序还需要父母在强压政策与放任政策之间找到一个平衡。因为不管哪个家庭都可能会面对可以妥协和决不能妥协的问题。

首先决不能妥协的问题包括安全、基本的卫生问题以及根本性的礼节。与此相对应的就是所谓可以妥协的一些规则，也就是说某些行为并不是必需的，是可以作出一定让步的，例如那些由于个人喜好的差异而产生的问题。

如果认真观察一下这些规则，我们就不难发现有很多其他的方法可以获得结果。而选择让孩子自己决定实现目标的方法，可以让孩子感觉父母尊重自己的意愿从而减少孩子的反叛心理。比如：规定了"每天要泡澡"，但是孩子总是不想泡而经常违反规定，这时也可以让孩子自己选择简单的淋浴或用湿毛巾擦洗的方法；在寒冷的冬日，孩子如果说不想穿厚外套，就把外套放在纸袋里，让他带着在觉得冷的时候穿；虽然该睡觉了，但是孩子拖拖拉拉地不想睡，这时可以让孩子坐在床上，开着灯看会儿书，困了也就自然睡着了。

给孩子更多自由和灵活性

孩子更喜欢可以自己作决定的感觉，因为这样能让他们感受到自己与众不同。而这些孩子因此所表现出来的能力，甚至会让父母大吃一惊。

由于父母使用词汇的不同、说话时音调的差别，都可能对孩子产生压力感，也可能造成孩子的反抗。当然也有让彼此都更快了解对方的方法。秘诀就是父母能明确地告诉孩子自己期待什么。一边大声嚷嚷，一边说"我告诉你得这么做！"并不是什么好方法。教训孩子不仅让父母所期待的不能实现，最后还会成为孩子叛逆的导火线。

父母最好先将可以商量的和绝对不能商量的事情列成表格。要记住一点，"可以商量"的事情并不是说可以放任自由，而是努力让孩子发挥其主动性。

叠衣服、决定写作业的时间、看电视的时间以及决定想看的电视节目、吃什么、选择要跑腿的事情等，这些事情都可以商量。绝对不能商量的事情有不能说脏话或看不起别人、避免和他人打架或让自己受伤、整理自己的物品、睡觉前要刷牙、坐车时一定要系好安全带等。

要区分选择和训斥

"现在马上把电视给我关上，否则你就永远也别想再看电视！"像这样，并不是让孩子自主选择。

"如果现在关上电视，睡觉前你还可以玩会儿游戏。"这样说才是给了孩子选择的余地。如果根本不给孩子选择的余地，那最好就不要开口。但也有一些情况是无法选择的。如果孩子现在马上得去学校，家长却对孩子说："你是要现在穿上校服，还是以后再穿？"这样的选择就显得毫无意义。孩子即使真不想穿，父母也不得不否定孩子的决定。

所以这就需要努力和忍耐。特别是当父母非常疲劳或忙碌再加上孩子格外地固执时，这种方法就显得更加困难。这时为了避免吵闹或争吵，带着"算我输了"的心情不理睬孩子，也绝不是可取的方法。如果想让孩子真诚地接受那些决不能通融的事情，父母不仅要降低施压指数，还要让孩子学会自制。

第5章

了解孩子擅长什么

认知成长

认知是人类获取知识并灵活运用所获知识的精神性活动。所谓认知成长是指随着年龄的增长，个体认知能力的出现及其成长，即注意、觉知、学习、记忆及思考等精神性认知活动的变化。而孩子的认知成长是指孩子在生活中逐渐掌握事物的属性和本质的过程。

在成人的眼里，孩子是如此的"古灵精怪"，而这种"古灵精怪"的想象力正是小学生特有的认知能力。因此，让孩子通过亲身经历获得知识会比其他方法更为有效。丰富的经历是认知能力成长的推动力。

不了解孩子擅长什么

因为只有一个孩子，所以我们夫妻俩特别地用心：给孩子吃的都是最好的，甚至很少让他出门，平时能不批评就不批评，哄着养到现在。

我们觉得孩子只要学习好就行，别的都没太多要求，可是谁知道现在孩子上学了，学习不好不说，对钢琴、绘画也不感兴趣，甚至不喜欢玩。

作为家长，我们真的不知道孩子喜欢什么、擅长什么，只能干着急。我们该怎么做才对孩子更有益呢？

帮孩子找到自己真正喜欢并擅长的事情

美国一位心理学家的孩子在上小学的时候，对音乐一窍不通。除此之外，他的数学和动作协调能力也非常差。但他并没有强迫孩子学习音乐、数学和运动。有一次，他发现孩子很善于管理账本，就问孩子最想做什么。那小孩说他以后想开一家做娃娃的公司。这位心理学家就鼓励孩子利用闲暇时间卖文具，没想到这个孩子真的通过卖文具挣了很多钱。

当这个孩子上高中后，心理学家又问他最想做什么。他说想学心理学。虽然不擅长音乐、数学和体育，但是凭借着过人的思维能力和沟通能力，他最终成为了一名优秀的心理学家。

从这个小故事中我们可以看到，如果父母总是拿自己的孩子和别人比较，甚至要求学习不好的孩子也成绩优异的话，不仅会导致孩子厌学，更会让孩子遗失了自己的梦想。

没有全面发展的天才孩子，也没有毫无才能的孩子

没有在各个方面都有天赋的孩子，同样的道理，也没有毫无才能的孩子。即使孩子天生聪明伶俐，也同样需要通过教育的手段进行开发和塑造。所以，给孩子什么样的教育环境比天赋更加重要。

音乐教育家说，如果给孩子适当的音乐刺激，可以帮助他们获得绝对音感。所谓绝对音感，是指可以准确地听出音高的能力。具有绝对音感的人可以准确地说出音乐是 C 调、D 调还是 F 调。像这样拥有绝对音感的孩子，在听过一段旋律后可以准确无误地重复出来。

最近的研究结果表明，上学前让孩子在家里接受钢琴等乐器的教育，会使拥有绝对音感的孩子人数大幅增加。由此可见，虽然天生的听觉能力很重要，但适当的环境刺激也可以帮助孩子提高音乐能力。

除学习能力外，孩子还有很多智力有待开发

美国哈佛大学教授霍华德·加德纳认为人类拥有 8 种智力。

1. 言语－语言智力，即对口语和书面语的敏感性、语言学习能力及为达到特定目标而灵活运用语言的能力等。一般而言，法律学家、雄辩家、作家、诗人等都具有相当高的语言智力。

2. 逻辑－数理智力，即对问题进行逻辑分析、用数学方法解决问题并深入研究的能力。语言智力和逻辑智力是在校学习时所需要的重要能力。

3. **音乐－节奏智力**，指具有演奏音乐、理解音乐形式并能作曲的能力。音乐智力与语言智力非常相似。平常我们称语言方面的能力为"智力"，而称音乐方面的能力为"才能"。实际上，无论从科学还是逻辑学的角度来说，这样划分都是不合理的。

4. **身体－动觉智力**，指为了解决问题或表现美好事物而通过身体来表达自己的思想和情感的能力。舞蹈家、演员和运动员等都表现出了良好的动觉智力。另外，这种智力对技工、外科医生、研究员、技术人员等技术工作者来说也有着相当重要的作用。

5. **视觉－空间智力**，是指不仅能在狭小的空间内分辨方向，甚至在广阔的空间里也能辨别方向并发挥创造力的能力。一些特殊职业，如领航员或飞机驾驶员，需要有很好的空间智力。此外，这部分智力对雕塑家、外科医生、国际象棋选手、电脑美术设计师以及建筑家都相当重要。空间智力在多样的文化领域中会以不同的形式展现出来。

6. **交往－交流智力**，能很好地理解他人的要求、动机、意图并能和他人良好合作的能力。这是售货员、教师、临床医学家及宗教、政治首领必须要具有的重要能力。

7. **自知－自省智力**，这种能力与交往－交流智力有相似的特征，是一种能准确感受自我的认知能力，即能充分理解"我"是谁，"我"带有怎样的情感，"我"为什么这样做等自我存在问题的能力。具有优秀自知能力的人，一般都具有较强的自尊心、自我改善能力及解决问题的能力。

8. **自然观察智力**，即能定位并区分自然现象的能力。原始社会的人们就是凭借这一能力，区分什么动植物可以吃什么不能吃从而生存下来的。具有良好的探索自然力的人就像电影里的人猿泰山一样喜欢亲近自然或动物。他们对采摘植物有浓厚的兴趣，同时还有区分这些动植物的能力。这一类型的人爬山的时候，更喜欢观察树叶的样子、大小或地形等，还能根据观察到的内容进行分类。

所以，**家长要尽可能地了解孩子具有哪些有待开发的智力，肯定他们现有的才能，找出他们的强项，再进行教育投资。**孩子们之所以各有特点，是因为他们的智力组合各不相同。父母只有真正接受了这一事实，才能直面孩子的各种问题，并进行适当的教育。

让孩子将学到的知识应用到实际中

如果试着让孩子将学校里学到的知识应用到家里甚至更广阔的大自然中，会收到更好的学习效果。根据科目的不同，下面介绍几种具体的方法。

科学。带孩子去动物园，或到图书馆借阅相关书籍；还可以带上放大镜，让孩子在公园里观察树叶或昆虫。

数学。让孩子练习测量、分类、比较等，如在厨房里切蛋糕或水果的时候，给孩子制造练习加减法的机会。

社会。和孩子谈论时事或一起玩地理游戏。在厨房或客厅墙上贴上本国或世界地图，空闲的时候让孩子在地图上寻找去过的地方或以后想去的地方，并做上标记，然后一起聊聊那个地方的风土人情。

美术或音乐。和孩子一起去图书馆找找音乐或美术方面的书籍，了解一下是否有免费入场的博物馆展览或音乐会。体育方面，可以让孩子在学习运动或舞蹈的同时，练习身体的协调能力。

TIP 看看我们的孩子具有哪些才能

　　下面的表格是帮助我们发现孩子具有什么才能的"智力检测表"。现在就让我们看看孩子具有 8 种智力中的哪几种吧。

　　说明：比如，"智力检测表"的言语－语言智力部分有 5 项以上标记为"完全符合"，就表示孩子的语言智力较高；如果 3～4 项是"完全符合"表示能力普通；2 项以下则表示孩子在这一方面的能力不足。

智力检测表

分类	内　容	完全符合	基本符合	不太符合
言语－语言智力	喜欢单词游戏或喜欢学习新词汇。			
	喜欢读书。			
	喜欢用语言或文字表达自己的想法。			
	别的孩子喜欢听我的孩子说话。			
	和小朋友说话的时候他经常会说自己看过的书或听到的故事。			
	喜欢猜词或接词游戏。			
	比起其他孩子能更快地理解词语意思。			
	觉得语文、历史、社会等科目很有意思。			
	对争吵很有自信。（和别的孩子争吵的时候赢多负少。）			
	可以很好地用语言说明一个事物或一件事。			
	喜欢听广播或音乐。			

分类	内 容	完全符合	基本符合	不太符合
逻辑—数理智力	喜欢玩和数字有关的游戏并能熟练心算。			
	在所有的科目中最喜欢数学和科学。			
	会制定规则，也能准确理解规则。（喜欢制定假期计划。）			
	对新事物或新现象很好奇，爱发问。			
	喜欢做试验。			
	喜欢大脑开发类的游戏或解密游戏。			
	善于列举事情实例。			
	善于找出他人话里不合逻辑的部分。			
	习惯按照阶段一步一步解决问题。			
	在物品数量较多或要划分小组时，可以有效地分组并较快掌握其中的关系。			

分类	内 容	完全符合	基本符合	不太符合
音乐—节奏智力	喜欢听音乐或唱歌。			
	曾经有人夸孩子歌唱得好。			
	认为世界上如果没有了音乐，将会是一件无比悲伤的事。			
	知道很多歌并可以唱出来。			
	歌只听几次就可以轻易地跟着哼唱。			
	学习乐器没有困难并且兴致盎然。			
	听音乐的时候，自然而然地跟着节奏拍手。			
	听音乐的时候，可以区分出乐器的不同声音。			
	能想起电影里听到的音乐或广告音乐。			
	喜欢放着音乐做事或学习。			

分类	内 容	完全符合	基本符合	不太符合
身体－动觉智力	喜欢体育课或喜欢做手工。			
	非常喜欢运动或跳舞。			
	比起在房间里，更多的时间在室外度过。			
	很容易就能学会新的运动或舞蹈，且进步神速。			
	为了更好地理解某件事，总需要亲身经历一下。			
	一个人可以组装东西或有很好的手艺。			
	喜欢在散步或慢跑时思考一直不能解决的问题。			
	去游乐场时，喜欢刺激惊险的游戏。			
	在讲话的同时，经常辅以手势或身体动作。			
	学新知识时，比起看书或视频，更喜欢亲身体验。			

分类	内 容	完全符合	基本符合	不太符合
视觉－空间智力	喜欢欣赏绘画作品或喜欢画画。			
	喜欢用照相机或摄像机留下生活点滴。			
	集中精力思考的时候，会不知不觉地写写画画。			
	看着地图很容易辨认方向。			
	喜欢拼图游戏或迷宫游戏。			
	能熟练地将某样东西拆开，再重新组装好。			
	在学校的课程中，更喜欢美术课，而比起数学更喜欢地理。			
	在说明自己的想法时，喜欢利用图表或图画。			
	当需要以其他角度观察物体的时候，脑子里可以很容易地浮现物体的样子。			
	更喜欢有插画的图书。			

分类	内 容	完全符合	基本符合	不太符合
交往—交流智力	比起一个人在家看电视或电影，更喜欢一大群人出去玩。			
	有较强的沟通能力，并且善于解决别人的争论或不愉快。			
	看到别人伤心，自己也会觉得很伤心。			
	比起慢跑等个人运动，他更喜欢足球、篮球等团体运动。			
	从不畏缩，领头先行，并能教会别人方法。			
	如果和幸福的人在一起，自己也觉得幸福。			
	至少有三个很要好的朋友。			
	对能成为别人的"小军师"感到自豪。			
	一个人做事时也不磨蹭，并能建议别人一起合作。			

分类	内 容	完全符合	基本符合	不太符合
自知—自省智力	喜欢一个人待着或思考。			
	会经常考虑未来。			
	能够马上知道自己有压力。			
	会把自己的想法或感受记在便条或日记里。			
	有独自安静地想过关于自我或生活的经历。			
	有只属于自己一个人的小爱好。			
	了解自己的内心，会独自思考后下决心。			
	比起和很多人相处，更希望能一个人在家。			
	做事前经常会一再思考。			

分类	内 容	完全符合	基本符合	不太符合
自然观察智力	对身体主要器官的位置和功能感兴趣，而且熟悉。			
	去森林或山里的时候，喜欢观察动物的脚印或鸟窝等，能分辨天气变化的信号。			
	对天文、宇宙的出现和生命进化很感兴趣。			
	能分辨各种树木、花草、植物等，并熟知名称。			
	养了小动物或喜欢小动物。			
	曾经把自己画成农民或渔民。			
	理解主要的世界性环境问题，并抱有浓厚的兴趣。			
	认为保护资源是现代社会的重要问题。			

事例 20

孩子只喜欢看电视和打游戏

我们家孩子虽然已经上小学了，但整天就知道看电视、打游戏，根本不学习。对妈妈不满、发脾气、早上赖床、上学迟到是家常便饭，有时甚至为了不想上学而撒谎。

对于这样的孩子，我们该怎么做才好？

让孩子在规定的时间内完成规定的事

在犹太人的家庭里，孩子们被要求在父亲回家前洗好澡、换好衣服。因为父亲一进家门就会先去洗澡，然后和家人一起围坐在饭桌前。所以犹太孩子能很有效地利用晚饭前的时间。不过这对他们来说，是再正常不过的了，因为他们都进行过在规定时间里完成规定事情的严格训练。不只洗澡是这样，还包括生活中的其他事情。

规律的作息生活对犹太人来说无比重要。他们常会思考怎样做才能更好、更有效地利用自己短暂的一生。他们习惯于为今天要做的事情做好周密的计划。如果事情如期解决，他们会感到无比的痛快和愉悦。

总有父母因为孩子不学习而烦恼。我想，这大概是因为我们不知道如何培养孩子管理时间的习惯而造成的。不过，肯定也有些孩子为了让父母开心而假装坐在书桌前。但如果对学习没有兴趣或不懂得学习方法的话，过不了多久他们就会开始感到烦躁。很多妈妈都认为，孩子如果能长时间坐在书桌前就一定可以更好地学习，于是就逼迫孩子一直坐着不许动。但实际上，教会孩子如何在短时间内有效地进行学习，对孩子会更有帮助。

父母应该教给上小学的孩子如何才能更有效地利用时间，这就要帮孩子从小形成时间观念。

家长可以规定孩子必须在 30 分钟内吃完饭，如果孩子挑食或把饭含在嘴里嚼来嚼去不好好吃的话，可以采取"到时间就收走所有饭菜"的方法。因为只有这样，孩子才能了解 30 分钟的重要性，慢慢养成在规定时间内吃完饭的习惯。

同样，若想要孩子上学不迟到，就要在一定的时间内迅速地完成洗漱、吃早饭、换衣服等事情。因此，让孩子戒除只知道看电视、玩电脑，而忽略更重要的事情的坏习惯是非常重要的。从小养成管理时间的习惯能帮助孩子更有效地学习，并为孩子将来的自我管理打下坚实的基础。

训斥并不能收到特别的效果

近来，越来越多的父母因为孩子不主动学习的问题而寻求我的帮助。孩子从学校回到家，并不先做作业，而是直奔电视。他们觉得，要是不训斥的话，孩子大概可以整天坐着看电视。孩子们对学习没有兴趣，只喜欢电视和电脑游戏。就算开始写作业，孩子也常常不能集中精神，甚至没人看着的话，根本不能老老实实地完成作业。也有的孩子谎称没有作业或作业都做完了，不管家长如何训斥都毫无效果。

其实我们可以通过孩子在学校和家里的表现来了解他。例如，是不是能按时完成作业，是不是可以自觉学习，能不能按要求准备学习用品，会不会将自己的房间和衣服整理好等。但是大多数孩子连这些都做不好，他们玩了还想继续玩，不只讨厌学习，甚至不懂得帮妈妈分担家务。若遇到这样的孩子，哪个父母不操心呢？

如果孩子从小就习惯了在家看电视或玩电脑游戏，那肯定就不想再出门了。所以父母应尽可能多地让孩子从小就出去郊游，因为那些喜欢运动的孩子比整日在家不出门的孩子学习更优秀，身体也更健康。

让孩子接触更多的活动

从小就让孩子接触家务劳动，学习整理自己的东西，参加游泳、打球、登山等活动会有很多好处。通过这些活动，可以培养孩子在不依靠父母的情况下，独立完成事情的能力。虽然可能会让孩子身体疲劳，但同时可以缓解大脑的紧张情绪。这是非常好的休息方法。那些让人大汗淋漓的运动，实际上更有助于大脑的运转，并有效地帮助孩子集中注意力。

孩子的自我控制力和父母的教育方式有着密切的关系。太过严格或事事担心而约束孩子都可能使他们更不听话。自觉性并不是天生的，而是通过后天的教育形成的。要想养成孩子良好的自觉性，父母一定要帮他们找到兴趣所在。有些父母过早地要求孩子认字、学英语、读书，剥夺了孩子玩乐的时间，结果只会让孩子更讨厌学习。也有些父母只允许孩子学习或练钢琴，不能做其他事情，这样会造成孩子的生活太单调。长此以往，孩子即使在物质上无比丰富，心里也是孤单寂寞的。他不会对任何事情感兴趣，甚至不理解为什么要学习。

帮助孩子培养控制力

随着独生子女的增多，父母不得不把全部的精力和爱都倾注在唯一的一个孩子身上。他们甚至不让孩子做本该由他们自己完成的事情。有的孩子已经 8 岁了，但除了学习之外什么都不会。很多小学生甚至都没有自己整理衣物的经验，更不要说做一些简单的家务活了。然而，这些家长不知道他们的做法会对孩子的动手能力和动作协调能力造成严重的影响。这样做实际上剥夺了孩子自己动手做事的能力，而这种能力正是孩子做（包括学习在内的）一切事情所必须具有的。

有些孩子很清楚学习的重要性，也具备学习的能力，但是不能很好地控制和管理自己。出现这种情况的原因有两种。

1. 感觉统合障碍。这种障碍一般是指脑部不能适当地对感官刺激进行整合和组织，而导致脑部开发、信息处理及行动等方面出现问题。大部分孩子可以自主、无意识并且不费气力地完成有效的感觉统合。但对于有感觉统合机能障碍的孩子来说，感觉统合这一过程就是无效的，不仅不能保证结果的准确性，还需要付出更多的努力和集中力。

如果孩子出现了身体各部分不能按照大脑命令工作的情况，就要考虑是否是感觉统合障碍，是否需要配合专业的训练进行治疗。

2. 父母过度干涉孩子。在任何事都由父母单方面决定的环境中，孩子根本无法培养自我控制力。要学会给孩子决定自己事情的机会，过分严格并不会达到预期的效果。父母担心一旦教会孩子用电脑，孩子就会慢慢地被电脑吸引而导致学习时间变少，所以干脆就不让孩子接触电脑，但实际上孩子还是会找到各种方法背着父母玩电脑。

因此，**父母不应该给孩子规定学习和玩的时间，而应该试着让孩子自己安排并按计划去完成。**从父母的角度来看，当然是希望孩子先学习再玩，但是有些孩子只有玩了才能安心学习。对于这样的孩子就应该让他们先玩再学习。这总比孩子为了假装学习而坐在书桌前，却心不在焉好。有时孩子的计划并不能让父母满意，遇到这样的情况也请多多忍耐。这样，孩子才能一点点地学会如何控制自己。

多关心孩子在学校的生活

即使是孩子，也希望在困难的时候有人鼓励自己，也需要有人温暖自己（如"要是朋友们不理你，不管何时我们都欢迎你回来"等关爱的话语）。孩子刚从学校回来，就问"今天学什么了？"的妈妈实际上是因为担心孩子没有好好学习，但孩子往往会认为这是变相的训斥。所以妈妈们越是感到担心，就越应该表现得轻松。"今天平安无事地回来了呀！"——这样说就足够了。"你今天看上去心情不错啊，你高兴妈妈见了也跟着高兴。"——这样说的话就更加完美。孩子即使不作回应，也能体会到和妈妈心灵相通的感觉。

很多父母的提问经常让孩子只能用"好"、"不"等简短语句进行回应，或总是带着不满情绪结束对话。与其这样，不如试着问一些让彼此可以进行较长对话的愉悦话题，比如："你今天在学校有什么有意思的事情吗？"并借此向孩子询问在学校的学习情况。就算孩子说的有点不符合实际，也最好认认真真地听完。如果父母任意地打断对话，孩子就很可能认为是父母对自己的否定，这样就容易造成孩子失去与父母对话的兴趣。

与因为担心而锱铢必较相比，在相互体谅理解的气氛中，和孩子聊聊每天在学校学了什么、发现了什么，会有更好的效果。融洽而温馨的氛围可以让孩子变得更坚强。当孩子遇到困难的时候，让孩子知道父母是值得信赖且会一直支持他的。**与父母亲密接触，不仅可以让孩子心神安定，还可以促进孩子与同龄人及其他人的交往。**

晚饭时间，让交谈代替看电视

网络时代的孩子不看书只上网，严重的甚至讨厌一切文字。他们在闲暇时间里也总围着电影、游戏和漫画，很少看书或者干脆就不看书。

现如今，这已经成了普遍现象。其实在成人世界里也不难发现讨厌文字的人，因为在电视、电脑等影像媒体成为主流文化的今天，即使不读书，同样可以获得各种各样的知识，但这也直接导致了人们读书能力的下降。太依赖电视，只会离读书的良好习惯越来越远。

有些家庭只有在看电视的时候才能感觉到是一个整体。我承认电视是娱乐的好方式，但并不能成为维系家庭成员关系的手段。电视节目有很多种，有些适合孩子，有些只供成人欣赏。如果整个家庭只以某个电视节目为聊天话题的话，则交流的过程并不能称为"对话"，充其量只是"会话"而已。

晚饭时间是全家人坐在一起聊聊一天中各自经历的最好时间，而割裂父母和孩子对话的罪魁祸首正是离饭桌很近的电视机。吃饭时全家人坐在一起可以更好地巩固家庭关系。在这全家人齐聚的时间里，各自谈谈在职场、学校、家里发生的事情，对孩子来说，是非常具有教育意义的。

让魔法字典游戏代替电脑游戏

日本某小学从一年级开始进行在字典里找单词并大声朗读的魔法字典课程。课程刚开始进行时出现了很多困难，原因是大多数孩子不知道字典为什么要按照 a、b、c 的顺序排列，有些孩子甚至是第一次接触字典。这就导致刚开始的一段时间里，孩子们的提问数不胜数，而要想在字典里找到一个单词差不多要花上十多分钟的时间，甚至更长。

不过，由于课程困难重重，老师都大汗淋漓、晕头转向，孩子们却表现出极高的兴趣，"真好玩！""老师，再玩一次。"大人们曾经担心字典游戏对小学一年级的学生会造成负担。不过，看到孩子们从神奇的字典中找到单词时兴奋的样子，这种担忧自然就烟消云散了。

随着字典游戏课程的进行，老师们也为如何能让孩子们不厌烦，并更加兴致勃勃地"玩"下去而伤过脑筋。最后的结论是，让孩子们自己找到想要了解的单词就是最有效的训练方法。当然，在对这一课程熟悉之前，孩子们还是需要老师和家长共同参与这个游戏的。

与孩子一起玩字典游戏

　　字典游戏既适合父母与孩子一起玩，也可以让孩子自己玩。几个人一起玩的时候，最好使用相同的字典。如果没有相同的字典，各自使用不同的字典也无妨。那么，让我们按照下面的步骤玩一次吧。

> ### 1. 给出要找的字的声母。

　　字典是按照 a、b、c 的顺序排列的。所以对于还没有熟记这一顺序的孩子来说，给他们一个字还不如给出字的声母，这样可以缩小找字时的范围，让孩子更轻松一些。但是，如果孩子已经熟记了 a、b、c 的顺序的话，我们就可以跳过这一步骤。

让孩子在这一阶段感受到游戏的乐趣。虽然直接给出要找的字是很好的方法，但如果将字做成谜语或小选择题，会让孩子感到更有吸引力，游戏也会更具趣味性。

拿"影子"这个词做例子。虽然我们可以直接给出字，让孩子们在字典里找，但是如果这样说呢——"与人或物体形状相同的黑色阴影是什么？"这样给出题目，让孩子们猜出谜底并找到猜出的词会不会更有意思呢？又比如"打喷嚏"这个词，家长不需说明，只要一边"阿嚏"着，一边做出打喷嚏的样子，反而能让孩子们觉得更加有趣。像这样多一点趣味性地进行教育，查字典就不再枯燥，而是让人兴奋的游戏了。

决定选择某个字，并在字典中寻找。如果是几个人一起玩的话，要让大家同时开始找。先找到的小朋友要站起来，并大声读出字的意思。其他同学在自己找到后，小声地跟读一次。所有人都找到字后，可以大声地朗读2～3次。最后有感情地朗读一次，会有更好的效果。

4. 在找到的页面里贴上彩纸。

　　在字典里找到字，并在字所在的页面贴上彩色纸条。那么，随着字典游戏的进行，彩纸也会逐渐增多。通过这一方式可以轻松了解孩子找到了多少个字。另外，贴彩纸对小学低年级的孩子而言有着非常好的视觉效果。随着彩纸的增多，孩子们也会切实地体会到什么是成就感。

5. 找自己想知道的字。

　　熟知了字典游戏之后，老师和家长可以不再直接给出字，而是让孩子找自己想要知道的字。

　　这个时候，我们可以采取 10 张一组的方式分发彩纸。给出的 10 张彩纸都贴完了可以再来领取。这样做不仅是为了让孩子更好地游戏，同时让家长或老师也可以马上了解孩子找到的字的数量。好学的孩子可能一天就用完一组彩纸了。

　　每天玩字典游戏可以有效地帮助孩子养成学习习惯。字典不应插在书柜里，也不该放在抽屉里。字典应该时时刻刻出现在书桌上，一旦有想要知道的字，不管何时打开来就能找。所以，字典放在伸手可及的地方可以大大提高使用的频率。

事例 21

孩子挺聪明，就是不学习

我们家孩子挺聪明，但就是不想学习。就算强迫着作了计划，最后也不能完成。偶尔对学习有了点兴趣，也只能坚持几天，很快又开始厌学，一心只想玩。我们和老师只要稍有放松，孩子马上就随心所欲。

我自己也思考过，大概是我的教育方式的问题。我属于那种特别爱唠叨的妈妈，整天把孩子逼得挺紧。而孩子的爸爸又正好相反，对孩子不管不问。我们夫妻俩为了如何教育孩子才能让他学习进步的问题伤透了脑筋。我们到底该怎么做呢？

父母要指导小学低年级的孩子学习

小学低年级时，妈妈的不同教育方法会对孩子的学习能力和学习态度产生巨大的影响。要让孩子喜欢学习，就要让他们了解到学习是很有趣的事，是可以了解新事物的过程。教给孩子关于学习的良好观念非常重要。

比如语文课。读课本是最基本的。一年级的课本大概一个学期就可以读完（韩国教科书是以学年为单位的，也就是说一学年只有一本教科书。中国的妈妈可以根据中国小学的情况进行调整。——译者注）。由于内容简单，可以让孩子以快于学校的学习进度进行阅读。让孩子感到学习是轻松的、很有意思的事。

不要让孩子自己学习。父母帮助孩子一起学习，效果会更好。虽说学习本身是好事，但如果学完以后马上就忘了，那是没有任何意义的。

所以这就需要家长随时确认孩子是否牢记了新学的和已学的内

容，特别是读写练习。如果学校里没有经常测验，这个练习就显得更为重要了。

小学一年级的孩子不能只依靠学校和教科书，家长要随时细致地教导并帮孩子反复温习不理解的部分。也就是说，孩子在进入小学后的一段时间里，父母有义务指导孩子学习。

妈妈帮一把，学习进步更惊人

有些孩子认为学校里教的内容太简单、没意思，所以上课的时候不认真听讲，导致最后跟不上学校进度。根据这种情况，那些让孩子在家提前预习的父母，就应该告知孩子"在学校要好好听讲"，并强调听讲的重要性。

另外，通过和孩子聊一天的学习生活，可以了解他在学校是不是能适应学习环境、能不能跟上学习进度等情况。知悉孩子在学校经历的各种事情，特别是有什么好玩的事，学校是不是个有趣的地方等则是非常必要的。如果孩子常说上学无聊，那就要具体了解孩子是不是在学校被朋友们孤立了，还是在学习上遇到了什么困难。

不要让孩子感到自卑

上了小学的孩子有时回到家不想学习。这时，家长不要说刺激孩子的话，让孩子感到自卑。刺激孩子的自卑感，只会给孩子的心灵造成伤害，而这种伤害很可能会影响孩子的一生。同样的道理，父母或老师不应该利用伤害孩子的自尊心来期待达到教育的效果。

家长应该在给予孩子关心和尊重的基础上，对孩子进行教育，让孩子心怀目标进行自发性学习，并使这种自发性成为习惯。时刻关心孩子，防止他们被学校里的不良因素影响。在孩子达到一定的认知水平之前，父母应尽到时刻守护的职责。

帮孩子提高学习热情

为了让孩子喜欢学习，在他们上小学前父母应适当地让孩子接触学校的学习内容。这样在入学后，他们会感到"学习真有意思，一点都不难"，"我很棒"，只有有了自信，才能对学习产生兴趣。

有学习动力的孩子经常会说"我比别的孩子做得好"，"我就是聪明"或者"上学太有意思了"等。

学习进度稍快是好事。因为比别的小朋友学得快，会让孩子有比别人更优秀的竞争欲望。当然，不排除这样可能造成有些孩子认为学校学习太简单而不想学习的情况。遇到这样的情况，家长不妨试试让孩子挑战比现阶段更高水平的内容。

这里要注意的是，不需要整日担心孩子是不是在学校不能适应学习，或担心孩子学习成绩如何，而应该以一种积极的态度，相信孩子一定能很好地适应学校环境，一定会对学习产生浓厚兴趣。在孩子准备入学的时候，尽量避免类似"你怎么连这个都不会？上次不是刚教给你了么？"的责词，而应该努力以称赞为主，例如："哇，连这个你都知道啊，真厉害"，"做得好，真是妈妈的骄傲"等。在耐心等待的同时，尽量不要给孩子压力，放心让孩子找到学习的动力。

和父母关系亲密的孩子会更聪明

能与父母保持亲密感的孩子学习也会更优秀。周末带孩子去图书馆或书店，让他们挑选自己想要的书。这时不一定非得选择以学习内容为主的，也可以买一些孩子想看的，如贴近孩子生活的童话书、在幻想世界冒险的故事类图书等。因为这类书中的主人公往往具有很多优点，通过阅读孩子们可以找到属于自己的榜样。和孩子一起阅读孩子感兴趣的课外书籍，并一起分享读书心得是非常好的方法。能让孩子感叹"太有意思了"的同时，有效地帮他们找到学习的兴趣。在这一过程中，不要带有非让孩子做得完美的心理暗示。

多阅读有助于提高学习成绩

在书里标注孩子认为重要或感兴趣的部分。这样可以让孩子喜欢上阅读教科书以外的图书。读书多的孩子，学习成绩自然会有所提高。

探知欲是学习知识的重要动力。所以父母可以适当地刺激孩子的探知欲。对于连父母也很难解答的问题，可以让孩子自己在书本或网络上寻找答案。如果孩子讨厌固定的题目，也可以用与其相关的各种趣事代替。

孩子说得再无聊也要认真听

上学前的孩子很可爱，很让人疼爱，那时不管孩子说什么都让人捧腹。可是孩子刚上小学一年级，有些父母就已经觉得他们烦人了。因为没有什么比缓慢、没变化的学习进度带来的话题更让人腻烦的了。但是作为父母，如果能耐着性子认真听孩子说话，就会获得孩子的信任，并帮孩子养成与父母聊天和分享的好习惯。

听孩子讲话，要适当地给予回应。听到孩子很好地掌握了新知识的时候，要给予称赞。若听到孩子开始感到学习有困难的话，就要具体确认是哪一部分，并试着问孩子："那么，妈妈出个题你来回答怎么样？"这时，如果孩子看题后说："不知道，不太理解。"妈妈就要作出反应："哦，原来这个地方还不理解啊。"

通过这样的交流，不仅孩子可以轻松地与家长谈心，家长也可以更及时地发现孩子在学习中出现的问题和错误。这种沟通方式有助于提高孩子适应学校生活的能力，对学习也有极好的效果。

事例 22

孩子行为幼稚且注意力不集中

　　我们家孩子太喜欢玩了，都已经上小学了，还天天抱着和年龄不符的幼儿玩具。就算不拿着玩具，也一点儿都不听话——总是像小孩一样，干什么都慢腾腾的，所以根本不能独立完成一件事，而且不管做什么总得给你闯点祸。

　　还有，孩子的房间从来就没有整洁、干净的时候，更别提他自己整理房间了。

　　如果想培养孩子的集中力，我们应该怎么做才好呢？

让孩子迷上一件事情

最近能让孩子们专心的事情越来越少。但是对孩子来说，其实非常需要一次迷上某件事情的经历。因此父母很有必要给孩子推荐一个对身心都有裨益的活动，并让孩子对其产生兴趣，甚至深深迷恋于其中。父母可以在有意或无意的情况下，引导孩子迷上某种活动。他们会在不知不觉中，亲自实践提高能力。因为能集中于游戏的孩子，同样也能集中于学习。

大脑运转迅速的孩子大部分都具有超强的集中力。而那些在书桌前晃来晃去的孩子或者一边想着电视节目一边学习的孩子都很难记住老师所讲的内容。只有具有优良集中力的孩子才能更好地聆听老师的教导。

懂得集中精力做事的孩子比其他孩子更有体力，也更健康。因为他们能保证充分的睡眠，并按时吃饭、情绪稳定，因而也会对学习表现出浓厚的兴趣。

反复听都能背下来

如果喜欢某首歌，谁都想马上就会唱。但是如果不着急的话，一边听一边跟着哼唱几遍自然也就会了。在贫困的年代里，很少家庭能买得起书，所以如果能有一本，又刚好是附赠磁带的，孩子们就因为太兴奋而反复地听，结果却在不知不觉中将内容全背下来了。

现在的父母总觉得如果不到 3 岁的孩子就能一字不差地读出图画书上的文字，那肯定是天才（由于韩国文字是拼写文字，和英语相似，记住基本字母后，就可以直接阅读。所以这里说 3 岁的孩子也可以读书。——译者注）。但其实这种想法是不对的。没错，这就和听歌一样，数次之后谁都能唱下来。只是因为如今有太多书籍、录像、CD 等，反复听读倒成了少之又少的事情了。

孩子的注意力因教育方式而不同

背书也是耐力的一种表现。反复地背诵，不管是英语单词还是汉字都是能记住的。有耐心的人默记能力相比一般人也更优秀。作为成人，应该研究如何能更愉快地背书，然后教给孩子。比如，背英文字母，学唱《ABC 歌》就是不错的选择。

孩子的集中力和父母的家庭教育方法有着密切的关系。正如成功男人的背后总有一个辛劳的女人一样，成功的孩子背后也一定有如磐石般给予坚定支持的父母。由此不难看出，想要提高孩子的成绩、开发他们的智力，首先要做的就是培养孩子的注意力和集中力。集中力不足的话，其他方面再努力也是徒劳。

为孩子营造安静的学习环境

要想培养孩子的集中力，最好为孩子营造一个安静的学习环境。不要在孩子的书桌上摆放除学习用品外一切可能分散注意力的物品。抽屉或收纳空间尽可能上锁，这样可以防止孩子写作业时，打开抽屉随意翻看而影响学习。如果是女孩子，就特别注意不要在书桌上摆放镜子——因为镜子离书桌太近，很容易让女孩子在学习过程中陷入"自我欣赏"的状态中。当然，允许孩子边看电视边做作业对学习也毫无帮助。

帮孩子在规定的时间里完成作业

如果作业太多的话，我们可以帮孩子将作业分成几次安排完成。有些家长因为孩子的集中力不好，就在孩子每次做作业的时候守在桌旁。其实这并不是值得推荐的好方法，因为这样会使得孩子更依赖父母。

另外，根据年龄的不同，孩子可以保持注意力集中的时间长度有一定的差异。5～9岁的孩子集中注意力时间平均为20分钟，10～12岁的孩子为25分钟，12岁以上的孩子为30分钟。通过这一研究结果，我们可以知道，要求8岁的儿童集中注意力学习20～30分钟的时间并不是件容易的事情。

让时间更有价值

经常听到一些父母说："我们家孩子做作业的时候，总是一边玩一边做，根本就不好好写。"所以这就要求父母从孩子小时候就开始培养他在一定时间内必须完成一定目标的习惯。除此之外，要帮助孩子区分学习时间和休息时间——只有这样孩子才不会在没意义的事情上浪费时间。还有些父母因为孩子做作业的速度太慢，就不让孩子休息，其实这样反而会造成孩子的反抗心理，对教育没有丝毫意义。

不要反复追问孩子

不相信孩子的父母总会因为某一件事就反反复复追问孩子。其实这样做并无益处，最终只会让孩子养成更坏的习惯。在学校，老师对问题的解答通常只有一次，但如果孩子在家已经习惯了反复唠叨，上课就不能集中精力听讲。听不懂或只听个大概的孩子学习成绩又怎么能好呢？

帮孩子培养"听"的能力

听是人类获取信息、学习知识的方式之一。老师通过课堂向学生传达知识，所以能集中精力听讲对学生来说比任何事都重要。家长可以多让孩子听音乐或给他们读小说，然后要求说出感受。反复进行这种练习，对养成认真听讲的习惯有极大帮助。

让孩子自己思考并得出结论

比起让孩子背诵不理解的内容，不如教给孩子解决问题的方法。也就是说，教给孩子不管遇到什么问题都不害怕，就能独立找出答案解决问题。不要单单用考试成绩来判断孩子，而要让孩子了解到——只要尽自己的能力去做，就是优秀的。家长要肯定孩子通过思考得出的结论，同时启发孩子进一步创造的欲望。

有些父母会问老师这样的问题："为什么你不教孩子学重要的东西？"

这时，老师会笑着回答："人类的创造力包括两种重要的能力。一是知道自己需要的东西在什么地方可以找到的能力。这种能力比起死记硬背更具威力。另一个是能够综合利用知识并进行再创造的能力。不思考只知道死记硬背并不能丰富自己的知识量，更别提为人类历史添上浓重美好的一笔了。"

让孩子深入思考简单的问题

想培养孩子的集中力，父母就要时刻关注孩子的想法——要问孩子怎么得到某个结论的。也就是说，要和孩子有互动。即使是非常简单的问题，也要引导孩子更深入地进行思考。

当孩子说明自己的想法时，父母可以通过提问引领孩子进一步思考，并找到之前忽略的部分。通过这种不断提问的方式，强化孩子不论处于何种情况都可以深入分析问题的能力。

在孩子解释自己的想法时，父母要避免插话或提及其他的想法。

就算不认同孩子，也要先听他讲完，放开对与错的限制，让孩子自由表达自己的想法。这对加强集中力也有很好的效果。

如果孩子制订了学习计划或学习目标，父母可以召开小型家庭会议，让孩子在会议上发表制订计划和目标的原因。这可以培养孩子说服家长的能力——当然并不单单是说服力，集中力和责任感也将在这一过程中得到锻炼。

事例 23

孩子的要求越来越多

因为想把唯一的女儿培养成才，所以别的孩子学的我们一样都不落地让女儿学。女儿想到的或者说出来的，不管是什么我们都尽量满足。和朋友们比，我们从来不让女儿落后于任何人，把能给的全都提供给她。

但是孩子想要的越来越多，我们发现根本没有限度，也没有尽头。我们到底该怎么办才好呢？

给孩子的要求划上清晰的界限

孩子的愿望为什么会这么无止境？很简单，是因为孩子们根本不懂得满足。孩子想要的东西太多，想要更多的玩具、游戏、零食、电视节目等。如果问现在的孩子为什么会这样的话，大部分家长都会把这归罪于社会文化的变革。这当然也是原因之一，但是从家庭里可以找到更直接的原因。

难道仅仅是因为社会变了，孩子们才产生了这样的想法吗？家长真的认为是因为电视节目或孩子的朋友才让他染上恶习的吗？并不是的。这一切正是由于父母们让孩子错以为这（要求这个要求那个）是他们"想当然的权利"，才造成了现在的情况。简单地说，就是因为在孩子感觉自己物质生活不能满足就无法活下去之前，很多父母首先坚信满足孩子所有的愿望是父母的职责。

让孩子通过自己的努力获得想要的东西

听话早熟的孩子从小就受到父母的肯定和称赞。但是，如果认为这样的孩子才是好孩子，就等于进入了误区。父母有没有想过到底是什么让孩子压抑了自己的愿望，从而听从父母的要求呢？又是什么让孩子放弃了他们那个年龄本应该有的无拘无束而听从父母的教导呢？

孩子这种不得已而表现出来的"生存战略"与父母有着密不可分的关系。

一方面，那些听话而早熟的孩子觉得，一旦自己不听话就得不到父母的肯定或保护，从而陷入不安。他们觉得由于自己还没有生存能力，所以不依靠父母是不行的。他们很难把自己当做一个独立的个体来思考。过分溺爱孩子的父母很容易促成孩子的这种想法。

另一方面，早熟的孩子因为在这个世界上找不到可以依靠和保护自己的人，不得不放弃自己"孩子"的身份，而借大人的定位生存下去。这种情况经常出现在父母对孩子的期望值远远高出孩子的能力或过分要求孩子独立且优秀的时候，因而会造成孩子自觉无法依靠父母而显得早熟。

这样的孩子虽然被公认为是懂事听话的孩子，但实际上他们很难按照自己的意志制订目标，也很难发展出自我的个性。在成长的过程中，由于不能对自己准确定位，成人以后只会感到空虚和无力，还有对整个世界的不安全感。

所以，我们并不需要顺从的孩子，我们要的是有适应能力的孩子。他们无论何时都清楚地知道自己需要什么，并且能为自己想要的事物和目标努力奋斗。在这个过程中他们可能需要别人的帮助，但最终会形成自己的个性并成就自己的理想。

请不要说："你就不能像谁谁谁那样么？"

妈妈在对孩子说"你就不能快点？"或者"快点！"的时候，其实妈妈自己也不知道该如何去做。

经常说"又怎么了？"的妈妈是因为孩子慢吞吞的行为而神经敏感。当心情稳定的时候我们就会说："先这样做，然后再这样，最后这样就完成了。"只有当事情已经决定并布置好的时候，妈妈说"快点！"才无大碍。

当妈妈们说"你至于哭得这么难过么？"的时候也是一样的道理。这样的妈妈还处在自我混乱的状态，不能理解别人的悲伤。理解悲伤的妈妈一定不会说"你干吗这么悲伤？"

"你怎么还在睡觉？""你怎么不学习呢？""你怎么这副表情？"……像这样，习惯用"怎么"提问的父母，可以说还没和子女建立起深厚的纽带关系。因为他们虽然讨厌孩子的行为，但却不想表现出来，也不想让孩子讨厌自己。

同时，这些用"为什么"开头的父母心里因为孩子辜负了自己的期望而暗暗不满。这其实是一种不负责任的表现。

父母要教育好孩子，首先要学会审视自己。就像夫妇之间希望和睦相处一样，孩子也需要和谐温暖的成长氛围。

要让孩子有清晰的目标意识

聪明的父母不会孩子要什么就给什么，他们会先让孩子了解目标意识的重要性。也就是说"不自知的英才还不如有自知的平凡孩子"。有的孩子画画的时候，因为一次没能达到自己的预想就大发脾气，甩手不干。但也有的孩子忍住眼泪一次又一次遭受打击，反反复复不断试验，最终达到目标。

这两种孩子在时间的考验下，不论是意志、耐力还是兴趣水平都将产生巨大的差异。后者在愿望未能实现的情况下会检查自己的行为，并不断锻炼自己，直到目标达成。前者则会在责怪"父母"和"环境"的同时，仅仅指望他人帮助自己，并不停地为自己找借口。而这正是我们之前提到的"目标意识"的力量。

那么，要如何才能具备这种目标意识呢？所谓目标意识，是指能清楚绘制出自己愿望的能力。有目标意识的孩子清楚地了解该在什么地方集中精力、某件事会给自己带来什么收获、该从哪件事着手去做等。父母应该多关注孩子感兴趣或有疑问的部分，自始至终和孩子一起，不管成功还是失败，给予他们充分的时间凭借自己的力量和方式去完成。

幸福家庭＝
名誉会长爸爸+家庭CEO妈妈+部门主管孩子

〔韩〕张炳惠 著
卡 伊 译

重庆出版社
出 品：中资海派
定 价：22.80元

当好孩子的妈妈有条件

家庭是充满了爱和信任的血缘团体，但张炳惠博士认为家庭也需要像企业一样经营，维持家庭的幸福需要讲求"经营原则"与"战略"，而最适合担任家庭CEO的人选莫过于每一位伟大的妈妈。妈妈担任家庭CEO，绝不是为了使用CEO的最高权力，而是为了引导所有家庭成员共同参与经营活动，使每个人尽到自身的义务和责任，从而建构一个幸福的家庭。

筑幸福家庭爸爸要参与

如果你立志成为伟大的妈妈，那么在你的眼里，丈夫就不该再是当初恋爱时的那个男人，而是一名孩子的爸爸，是与你一起齐心协力守护这个家庭的管理者。如果真正要培养好孩子，首先就该为孩子营造一个温暖的家，爸爸妈妈应该共同为孩子缔造完整的家庭归属感，并一起为孩子的健康成长努力！

妈妈掌舵，爸爸当关，幸福家庭由此起航！

孩子的成长离不开妈妈，也离不开爸爸。妈妈的智慧在养育中成长，智慧的妈妈也会让全家快乐成长！

《父母必读》杂志主编 徐 凡

对于孩子的成长，作为新妈妈的我快乐并烦恼着。这本书从CEO的角度分析了做个好妈妈的秘诀，很有意思，特别适合白领妈妈阅读。做好工作的同时经营好家庭，原来这两者异曲同工。

天涯社区首席营销官 于立娟

很幸运拿到张炳惠博士的新作《好孩子的成功99%靠父母》，这本书将告诉更多的中国妈妈们，妈妈在家庭中有多么重要；而怎样成为一位成功的妈妈，此书也提供了可操作性的建议。

红孩子社区

让教养变成你和孩子的一种快乐体验

每一个孩子都是父母眼中的宝贝，纯真无瑕如一张白纸。但是随着时间的推移，有些孩子越来越出类拔萃，有些却成为父母眼中的"捣蛋鬼"。虎鲸是海洋中最庞大、最凶猛的食肉动物之一，但它们却愿意听从驯鲸师指挥，为观众表演节目。驯鲸师究竟是怎么做到的呢？在海洋世界里，教育鲸鱼的基础是"尊重"，它强调交流和赞美而不是服从与惩罚。正在接受培训的驯鲸师艾米把鲸鱼教育法运用到自己孩子身上时，发现孩子发生了巨大变化：他开始能按时上床睡觉、不再挑食、学会分享、学会照顾小动物等。

放大孩子的积极面，
你需要做的就是放大，放大，再放大！

〔美〕肯·布兰佳 萨德·拉辛纳克
查克·汤普金斯 吉姆·巴拉德 著
刘祥亚 徐扬 译

重庆出版社
出 品：中资海派
定 价：22.80元

如果你能控制好自己的情绪，就能养出有自主性的孩子

"不要逼我发火！"
"你怎么就是不听我的话！"
"我已经跟你说过多少次了！"

曾经吼过孩子的父母，请注意：**很抱歉，责骂孩子是没有用的。**

你得学会让自己冷静，控制好自己。如果能把精力放在控制自己的行为上，而不是控制孩子的行为，得到的结果会出乎意料地好。

《零吼叫养出100%的好孩子》主张教养的关键"不在孩子，而在父母"。这是一本理念创新的教养指南，适合各种年龄段孩子的父母。这本书的内容能减低你教养孩子的焦虑与压力，让你的家庭更和谐，帮你教养出100%的好孩子。

〔美〕哈尔·爱德华·朗克尔 著
陈玉娥 译

重庆出版社
出 品：中资海派
定 价：22.80元

听听孩子的心声：
爸爸妈妈，请不要对我"吼叫"！

短信查询正版图书及中奖办法

A. 电话查询
  1. 揭开防伪标签获取密码，用手机或座机拨打4006608315；
  2. 听到语音提示后，输入标识物上的20位密码；
  3. 语言提示：您所购买的产品是中资海派商务管理（深圳）有限公司出品的正版图书。

B. 手机短信查询方法（移动收费0.2元/次，联通收费0.3元/次）
  1. 揭开防伪标签，露出标签下20位密码，输入标识物上的20位密码，确认发送；
  2. 发送至958879(8)08，得到版权信息。

C. 互联网查询方法
  1. 揭开防伪标签，露出标签下20位密码；
  2. 登录www.Nb315.com；
  3. 进入"查询服务""防伪标查询"；
  4. 输入20位密码，得到版权信息。

中奖者请将20位密码以及中奖人姓名、身份证号码、电话、收件人地址和邮编E-mail至szmiss@126.com，或传真至0755-25970309。

一等奖：168.00元人民币(现金)；
二等奖：图书一册；
三等奖：本公司图书6折优惠邮购资格。
再次谢谢您惠顾本公司产品。本活动解释权归本公司所有。

读者服务信箱

感谢的话

谢谢您购买本书！顺便提醒您如何使用ihappy书系：
◆ 全书先看一遍，对全书的内容留下概念。
◆ 再看第二遍，用寻宝的方式，选择您关心的章节仔细地阅读，将"法宝"谨记于心。
◆ 将书中的方法与您现有的工作、生活作比较，再融合您的经验，理出您最适用的方法。
◆ 新方法的导入使用要有决心，事前做好计划及准备。
◆ 经常查阅本书，并与您的生活、工作相结合，自然有机会成为一个"成功者"。

优惠订购		订 阅 人		部 门		单位名称	
		地 址					
		电 话				传 真	
		电子邮箱		公司网址		邮 编	
	订购书目						
	付款方式	邮局汇款	中资海派商务管理（深圳）有限公司 中国深圳银湖路中国脑库A栋四楼　　　　邮编：518029				
		银行电汇或转账	户 名：中资海派商务管理（深圳）有限公司 开户行：招行深圳科苑支行 账 号：81 5781 4257 1000 1 交行太平洋卡户名：桂林　卡号：6014 2836 3110 4770 8				
	附注	1. 请将订阅单连同汇款单影印件传真或邮寄，以凭办理。 2. 订阅单请用正楷填写清楚，以便以最快方式送达。 3. 咨询热线：0755-25970306转158、168　　传 真：0755-25970309 E-mail: szmiss@126.com					

→利用本订购单订购一律享受9折特价优惠。
→团购30本以上8.5折优惠。